教育部国别和区域研究基地——中山大学大洋洲研究中心学术成果

# 澳大利亚亚太政策国内成因分析

沈予加 著

中国社会科学出版社

## 图书在版编目（CIP）数据

澳大利亚亚太政策国内成因分析／沈予加著．—北京：中国社会科学出版社，2019.10

ISBN 978-7-5203-5087-7

Ⅰ.①澳⋯ Ⅱ.①沈⋯ Ⅲ.①对外政策—研究—加拿大 Ⅳ.①D871.10

中国版本图书馆 CIP 数据核字（2019）第 209389 号

| 出 版 人 | 赵剑英 |
|---|---|
| 责任编辑 | 陈雅慧 |
| 责任校对 | 王 斐 |
| 责任印制 | 戴 宽 |

| 出　　版 | 中国社会科学出版社 |
|---|---|
| 社　　址 | 北京鼓楼西大街甲 158 号 |
| 邮　　编 | 100720 |
| 网　　址 | http://www.csspw.cn |
| 发 行 部 | 010-84083685 |
| 门 市 部 | 010-84029450 |
| 经　　销 | 新华书店及其他书店 |
| 印　　刷 | 北京明恒达印务有限公司 |
| 装　　订 | 廊坊市广阳区广增装订厂 |
| 版　　次 | 2019 年 10 月第 1 版 |
| 印　　次 | 2019 年 10 月第 1 次印刷 |
| 开　　本 | 710×1000　1/16 |
| 印　　张 | 11.75 |
| 插　　页 | 2 |
| 字　　数 | 175 千字 |
| 定　　价 | 66.00 元 |

凡购买中国社会科学出版社图书，如有质量问题请与本社营销中心联系调换
电话：010-84083683
版权所有　侵权必究

# 目　录

第一章　绪论 …………………………………………………………（1）
　第一节　为什么研究澳大利亚亚太政策的成因 ……………………（2）
　第二节　国内外既有研究成果 ………………………………………（8）
　　一　国内研究成果 …………………………………………………（9）
　　二　国外研究成果 …………………………………………………（11）
　第三节　本书的主要创新 ……………………………………………（15）
　　一　研究内容创新 …………………………………………………（15）
　　二　研究方法创新 …………………………………………………（16）
　　三　对策层面的创新 ………………………………………………（17）

第二章　澳大利亚亚太政策的历史传统 ……………………………（19）
　第一节　依附主义与疑亚主义 ………………………………………（19）
　　一　依附主义传统的缘起 …………………………………………（19）
　　二　澳大利亚的疑亚主义传统 ……………………………………（25）
　第二节　现实主义、"有限自主"和"中等强国"理念 ……………（28）
　　一　现实主义和"有限自主" ……………………………………（30）
　　二　"中等强国"理念与亚太多边体系 …………………………（35）
　第三节　澳大利亚亚太政策的两重性和双重身份难题 ……………（39）
　　一　澳大利亚亚太政策的两重性：安全上依赖美国、
　　　　经济上依赖亚洲 ………………………………………………（39）
　　二　双重身份难题：欧美还是亚洲？ ……………………………（41）

## 第三章　澳大利亚亚太政策的国内制度因素……………………（44）
### 第一节　亚太政策制定系统中的文官………………………（45）
一　文官形成的历史沿革……………………………………（45）
二　文官的权力和限制………………………………………（46）
三　亚太政策中的重要职能部门——外交部………………（47）
四　亚太政策涉及的职能部门及部门利益…………………（49）
### 第二节　亚太政策制定系统中的内阁………………………（50）
一　内阁与联邦行政会议的关系……………………………（50）
二　责任内阁制的要求及其演变……………………………（52）
三　国家安全委员会与亚太政策……………………………（53）
### 第三节　亚太政策制定系统中的议会………………………（55）
一　参议院的外交、国防、贸易常务委员会和条约联合
　　委员会……………………………………………………（55）
二　议会作用的限度…………………………………………（56）
### 第四节　亚太政策制定系统中的总理………………………（58）
一　总理的权力和职责………………………………………（59）
二　总理在亚太政策制定过程中的角色……………………（60）
三　澳大利亚总理亚太政策制定的影响因素………………（62）
四　澳大利亚总理集权的制度空间…………………………（64）

## 第四章　澳大利亚亚太政策的国内利益因素……………………（67）
### 第一节　国家利益……………………………………………（67）
一　国家安全利益……………………………………………（69）
二　国家经济利益……………………………………………（71）
三　国家政治利益……………………………………………（74）
### 第二节　政党利益……………………………………………（75）
一　两党政治的对抗性与政党利益…………………………（76）
二　国内政策领域两党对立及利益之争……………………（77）
三　亚太政策中的两党对立及利益之争……………………（78）
四　党内斗争…………………………………………………（79）

### 第三节 利益集团利益 (80)
一 澳大利亚利益集团的类型 (80)
二 亚太政策制定中的利益集团 (82)

## 第五章 澳大利亚亚太政策的观念因素 (85)
### 第一节 既有国际秩序的遵守者和维护者 (86)
一 作为"国际公民"的澳大利亚 (86)
二 当前亚太秩序中的维护者 (88)
### 第二节 不列颠价值观和多元文化主义 (91)
一 不列颠价值观和移民同化政策 (91)
二 多元文化主义 (94)
### 第三节 同盟观念 (98)
一 澳大利亚的意识形态同盟观 (98)
二 澳大利亚同盟观念的缘起 (99)

## 第六章 中澳 FTA 签订的澳大利亚国内动因 (103)
### 第一节 中澳 FTA 的基本内容 (104)
### 第二节 中澳 FTA 谈判进程中的难点 (107)
一 劳动力市场测试的意义与挑战 (107)
二 对中国国企投资的监管 (109)
### 第三节 澳大利亚签订 FTA 的国内动因分析 (111)
一 制度因素的影响 (111)
二 利益因素的影响 (115)
三 观念因素 (121)

## 第七章 澳大利亚干涉南海问题的国内动因 (123)
### 第一节 澳大利亚安全战略特征 (124)
一 强调制衡威胁而非制衡实力 (124)
二 具有浓厚的安全依附性和多边安全依赖性的双重特点 (125)
三 以"中等强国"为国家身份导向的安全战略自主性 (126)

四　西南太平洋和印度洋方向的双向性 …………………（127）
　第二节　澳大利亚针对南海问题的政策 ……………………（128）
　　一　澳大利亚为何卷入南海问题 ………………………（128）
　　二　澳大利亚在南海问题上的立场和态度 ……………（129）
　第三节　澳大利亚政府对南海问题态度的国内成因分析 …（131）
　　一　决策背景：历史传统、制度和观念 …………………（132）
　　二　国内利益因素 ………………………………………（133）

**第八章　澳大利亚拒绝"一带一路"倡议的国内动因** ………（140）
　第一节　澳大利亚对"一带一路"倡议的反应 ………………（142）
　　一　澳大利亚政界的反应 ………………………………（142）
　　二　澳大利亚学界与媒体对"一带一路"倡议的反应 …（144）
　　三　澳大利亚商界对"一带一路"倡议的反应 …………（147）
　第二节　澳大利亚拒绝签订"一带一路"倡议合作谅解备忘录的
　　　　　国内原因探析 ……………………………………（148）
　　一　澳大利亚对国家利益平衡的结果 …………………（148）
　　二　执政党执政基础薄弱时对外政策趋于保守 ………（151）
　　三　社会文化因素导致保守思想据一席之地 …………（154）
　　四　结论及因应之道 ……………………………………（157）

**第九章　结论** ……………………………………………………（159）
　第一节　关于澳大利亚亚太政策国内动因的理论总结 ……（159）
　第二节　中澳关系潜在问题与中国可采取的基本策略 ……（163）
　第三节　中澳关系的前景与展望 ……………………………（167）
　　一　中澳经济关系展望 …………………………………（167）
　　二　中澳政治与安全关系展望 …………………………（169）

**参考文献** ………………………………………………………（174）

# 第 一 章

## 绪 论

澳大利亚一词来源于拉丁文 Terra Australis，意为"南方的大陆"。澳大利亚最早的人类定居史可追溯到 42000—48000 年前，[①] 穿越海峡和大陆桥而来的东南亚人很有可能就是澳大利亚原住民的祖先。[②] 作为一块与东南亚遥遥相望的大陆，澳大利亚长期处于人类历史发展的边缘地带，但当 1606 年欧洲船队抵达澳大利亚，[③] 特别是 18 世纪末英国政府决定将澳大利亚作为主要殖民地以后，澳大利亚在亚太历史进程中就不再是被遗忘、被忽略的状态，而是欧洲文明在毗邻亚洲的南太平洋中生根、发芽、挣扎和融合。在这一过程中，澳大利亚与亚洲的关系不断发展，它的亚太政策也不断演变。为什么澳大利亚与亚洲近在咫尺却曾经长期对亚洲抱有"若即若离"，甚至怀疑、防范的态度？为什么澳大利亚的亚太政策在 20 世纪上半叶长期追随英国，却在 20 世纪中期转向美国？为什么澳大利亚近年来积极参与亚太事务，甚至造就了陆克文这样一位能讲一口流利汉语的西方领导人？本书将从澳大利亚亚太政策的国内动因角度对这些问题进行探讨，以期增进中国对澳大利亚亚太政策的理解，并在此基础上提出有针对性的对策建议。

---

[①] Richard Gillespie, "Dating the First Australians ( full text)", 2002, *Radiocarbon*, Vol. 44, No. 2, pp. 455 – 472, 上网日期：2016 年 7 月 28 日。

[②] The spread of people to Australia, https：//australianmuseum. net. au/the – spread – of – people – to – australia, 上网日期：2016 年 7 月 28 日。

[③] European discovery and the colonization of Australia, http：//www. australia. gov. au/about – australia/australian – story/european – discovery – and – colonisation, 上网日期：2016 年 7 月 28 日。

## 第一节　为什么研究澳大利亚亚太政策的成因

亚太政治是当今国际政治研究的核心。近年来，亚太地区形势风起云涌，亚太格局处于大变动、大调整时期：南海问题悬而未决；朝核问题持续发酵、各方角力愈发激烈；美国新任总统特朗普上台，调整"重返亚太"政策，在亚太地区重新布局；中国在周边外交中的新举措、新办法更是将亚太研究推到了重要的位置上。亚太地区[①]内涵广泛，包括了诸如中国、美国和日本这样的世界最大的几个经济体，可以说，一个稳定、安全的亚太是全球秩序稳定繁荣的基石。

在亚太地区所囊括的诸多国家中，澳大利亚的身份尤为复杂与特殊，主要在于澳大利亚是一个毗邻亚洲大陆的西方国家。从地缘政治角度来看，澳大利亚与亚洲一衣带水、咫尺之遥。澳大利亚北领地首府达尔文坐拥的达尔文港距离巴布亚新几内亚首都莫尔兹比港1818公里，距离东帝汶首都帝力656公里，距离菲律宾首都马尼拉3206公里，距离新加坡也只有3360公里，而从悉尼飞往伦敦的航班仅飞行时间就需要22小时左右，飞行距离更是长达11156公里。毗邻亚洲的地理位置使得澳大利亚被认为是美国"重返亚太"的第一战略要冲。澳大利亚北部的军事基地可控制马六甲海峡，且辐射半径可以覆盖南太平洋和中国南海部分区域。

就历史而言，澳大利亚在太平洋战争（1941—1945）爆发前全面依附于英国——它在当时甚至不是完全意义上的主权国家——实行以欧洲为绝对核心、以跨大西洋地区为重点的外交政策。在亚太政策方面，澳大利亚执行的是"越过亚洲"的外交政策，并未把自身在亚太地区的国

---

① 亚太地区（Asia & Pacific area），全称为亚洲及太平洋地区，简称亚太、亚太区。亚太是太平洋地区周边国家（包括岛屿）的总称，属于地缘政治和地缘经济术语。广义上的亚太地区指环太平洋地区。主要包括大洋洲（澳大利亚、新西兰等）、东亚（中国、日本、韩国）、北美洲（美国、加拿大、墨西哥等）和南美洲（智利、巴西、秘鲁等）太平洋沿岸的一些国家；狭义上的亚太地区则大致包括东亚与东南亚等太平洋西岸的亚洲地区、大洋洲以及太平洋上的各岛屿，不包括太平洋东岸的南北美洲。本书所指涉的"亚太地区"取狭义概念，但由于澳大利亚的特殊性，在述及其亚太政策时也需要对澳大利亚与美国的关系进行分析。

家利益置于外交政策的首要位置。第一次世界大战期间，澳大利亚政府跟随英国对德国宣战，不仅派出远征军到欧洲参战，还为战争提供了大量的战备资源。但是，澳大利亚的外交政策从太平洋战争开始逐渐从向英国看齐转变为自身国家利益至上，更加看重本国在亚太地区的利益。二战后，澳大利亚形成了"有限自主"的外交政策，其主要表现就是时任外长伊瓦特的施政报告。① 1946年3月13日，澳大利亚时任外长伊瓦特对国会作了重要的外交施政报告。在这份历史性的报告中，伊瓦特强调了澳大利亚的独立性，也强调澳大利亚的安全系于亚洲，澳大利亚是太平洋而非大西洋的主要国家之一，有义务为本地区不再遭受战争的蹂躏贡献一己之力。伊瓦特在报告中提出必须组建太平洋集体安全体系，用于确保地区安全。这个区域防务安排包括东亚、东南亚、南太平洋和西南太平洋，其中澳大利亚需要重点处理与印尼、日本和中国的关系。这一报告对于澳亚关系的推动作用不仅限于安全关系，因为伊瓦特还提出在政治发展过程当中寻找增进彼此政治、文化和贸易联系的机会。② 从实际发展情况来看，伊瓦特的报告确实成为澳大利亚政府在其后岁月中处理澳亚关系的基本准则。自此，澳大利亚在参与亚洲事务的过程中扮演了愈加重要的角色，例如，澳前外长埃文斯对柬埔寨问题的和平解决起到了巨大作用。在1989年7月召开的巴黎会议上，国际社会和柬埔寨国内各势力在监督大选、和平重建以及临时政府组成等关键问题的谈判上陷入僵局，埃文斯却从中看到了机会。由他领导的澳大利亚代表团提出，扩大联合国在柬埔寨过渡时期的作用并监督大选。为此，澳大利亚外交贸易部（Department of Foreign Affairs and Trade，简称DFAT）副秘书长迈克尔·卡斯特罗在21天时间里与13个相关国家举行了30多次重要会议并进行游说，最终使联合国安理会五大常任理事国、各地区大国以及柬埔寨各方接受了澳大利亚的和平方案。另外，为了防止所谓的"共产主义在亚洲的扩散"，澳大利亚还积极向英联邦的盟友提供援助，制订并开展了科伦坡计划，以防止马来西亚、印度尼西亚、新加坡等国的共

---

① H. V. Evatt, Ministerial Statement to the House of Representatives, 13 March 1946.
② Ibid..

产党夺取国家政权。

虽然澳大利亚的外交政策已从比较"极端"的全面依附转向相对独立自主地追求本国利益，但第二次世界大战以后，几乎在亚太格局变动的每个重要阶段，澳大利亚都只是扮演着若即若离的参与者角色。那么，澳大利亚对亚洲的这种若即若离姿态背后的深层次原因是什么？澳大利亚未来的亚太政策走向可能发生巨大的变化吗？如果把亚太地区比喻为一列开往未来的火车，这列火车将以何种速度开往何处，不仅取决于"列车长"中国和美国指向何方，也取决于亚太地区各个"中等强国"①及各相关利益国的意愿。从其他方面看，澳大利亚作为亚太地区具有代表性的"中等强国"，也能够在很大程度上影响亚太地区的未来面貌。因此，本书的现实意义在于，通过研究澳大利亚的亚太政策演变，不仅可以深入解释澳大利亚与亚洲各国的半心半意关系，还可以借此管窥亚太格局演变的历史、现实和未来发展趋势。

二战至今是澳大利亚"脱欧入亚"的重要阶段。究其原因，首先，亚洲各国的经济发展和澳大利亚自身的经济发展状况具有较强的互补性。二战以后，亚洲各国经济陆续复苏，不少国家的经济发展速度惊人，这为澳大利亚提供了良好的贸易机遇。从1984年开始，澳大利亚与亚洲各国的贸易额已超过了澳大利亚与英国的贸易总额，澳大利亚丰富的矿产资源为亚洲提供了大量的工业原料。② 其次，作为澳大利亚曾经的母国和强大靠山，英国在安全和经济上都不再能够为澳大利亚提供足够的保障。1942年2月19日，日本对达尔文军港发起空袭，至此之后到二战结束，日本对澳大利亚发动了100多次空袭。在对抗日本军国主义的过程中，澳大利亚并没有获得英国足够的军事支援，这让澳大利亚政府及民众在二战以后进行了反思：之前所信奉的以英国为导向的对外政策是否对澳大利亚有利？再次，经历了一战和二战的洗礼，国际体系逐渐从以欧洲为中心过渡到所谓的"美国治下的和平"，亚太地区逐渐开始在国际体系中

---

① "中等强国"的概念从历史上看曾有过两重含义：一是指这类国家的经济、军事和政治实力在世界上处于中间地位；二是指这类国家在国际冲突中处于中间、"中立"或缓冲的位置。关于澳大利亚具有本国特色的中等强国概念，本书将在第二章进行详细论述。

② [澳]斯图亚特·麦金泰尔：《澳大利亚史》，潘兴明译，东方出版中心2005年版。

占据重要甚至是关键性的地位。最后，冷战思维也成为澳大利亚与亚洲建立联系的重要原因。1951年，澳大利亚实行科伦坡计划，为东南亚国家在金融和科技上提供大量的援助，其根本目的在于抵制共产主义在亚洲扩散。孟席斯政府支持了新加坡和马来西亚地区的去殖民化进程，马来西亚和新加坡独立以后，澳大利亚都迅速与新政府建立了外交关系，以避免其受到共产党国家的影响。

由于历史沿革和文化方面的原因，澳大利亚与亚洲关系的改善和深化拓展是一个缓慢渐进的过程。这一缓慢渐进的过程主要体现在以下方面：

经贸领域，在二战以后的二十年里，澳大利亚的经贸重心依然在西方国家，其主要贸易伙伴为英美及西欧国家，直到惠特拉姆政府时期才有了显著变化。1972年，工党领袖惠特拉姆出任澳大利亚总理，他奉行睦邻合作的亚太政策，并在就任总理后立即与中华人民共和国建交（于1972年正式建交）。20世纪80年代，澳大利亚政府开始重视与亚太的经贸往来，到1991年基廷总理上台，开始推行"全面面向亚洲"的政策。2000年后，霍华德政府与多个亚洲国家签订FTA协议，从亚洲获得的投资也越来越多。在2002年到2012年的十年间，日本、新加坡、韩国等国对澳大利亚的投资全部翻倍。

政治和外交领域，澳大利亚虽然在1944年开始在亚洲地区建立领馆，但那时的澳大利亚与亚洲的关系也仅停留于此，尽管孟席斯政府在1944—1966年试图加强澳大利亚在亚洲的外交影响力，陆续建立了11个新的领馆和代表处，其中有8个是在东南亚地区，但是，如果与同一时期澳大利亚在欧洲新建立的领馆和代表处相比，澳大利亚在亚洲的投入仍然相对薄弱。另外，从惠特拉姆政府的睦邻合作到基廷政府的"全面面向亚洲"战略，澳大利亚政府的亚太政策呈现渐进的特性。在20世纪80年代，澳大利亚对亚洲的外交重点还只是停留在经贸方面，而到了90年代，澳大利亚则开始奉行较为全面的对亚战略，从政治、经济到多边关系，从外交上的意向性的表示到实质性的经贸往来大幅增多。[1]

---

[1] ABS, Australia Asia trading data, retrieved on the 2017/01/20.

在安全方面，澳大利亚曾经非常保守，仅将英国和美国作为对外关系中的中坚力量。1946年的伊瓦特报告强调了欧洲和美国在澳大利亚安全战略中的核心地位，以后，澳大利亚在冷战思维和雅尔塔体系的影响下，亚太政策始终是与美国看齐。惠特拉姆政府和弗雷泽政府参加了由澳大利亚、新西兰、英国、马来西亚和新加坡达成的"五国防卫协定"。澳大利亚与亚洲各国在安全领域的合作直到1993年才进入实质阶段，澳大利亚国防部发表的《1993年战略评论》指出，澳大利亚所在地区的安全一直是澳防务的一个重要关注，在90年代的考验中，地区安全在澳防务政策中的重要性更为突出。[①] 该报告标志着澳大利亚同亚洲邻国的双边军事关系从防御合作转向建立"建设性伙伴关系"。2016年的APEC会议上，澳大利亚总理特恩布尔在对东盟首脑的讲话中强调了东盟作为安全盟友对澳大利亚的积极作用，[②] 澳大利亚与亚洲邻国的防务合作至今仍在不断深化。

另外，澳大利亚政府的亚太政策演变也比较典型地体现了亚太一般国家和中等强国"半信半疑，若即若离"地在中美两大强国间踩钢丝的外交困境。澳大利亚在中美之间始终保持"骑墙"态度，在20世纪90年代中期，澳大利亚的"全面面向亚洲"政策也曾发生变化，由亚洲向欧美倾斜。1993年，霍华德担任澳大利亚总理，与前任政府不同，他认为澳大利亚与亚洲的关系太过亲近以致影响了澳大利亚与欧美的关系。他在上台伊始便提出"面向美国，背对亚洲"，推出"霍华德主义"，高调提出要做美国在亚太的"副警长"，维护美国在亚太的利益和价值观，[③] 且在台湾问题上与美国紧密地站在一起。但是，随着中国的崛起，澳大利亚政府和民众无不感受到这一过程所带来的巨大经济利益，澳大利亚政府的对华政策发生改变。2001年以后，澳大利亚开始调整"重美轻华"的对外政策，不再与美国的对华政策保持高度一致，而是逐渐形成了相对独立的对华政策。2004年是中澳关系出现转折的一年，虽然中美关系

---

① *Strategic Review*, 1993, p. 21.
② Prime Minister Malcolm Turnbull, Australia, APEC Economic Leaders' Meeting 2016, http://www.apce.org/press/videos/2016/1120 – au. retrieved on the 2017/01/20.
③ W. Tow, "Deputy Sheriff to Independent Ally?" *Pacific Review*, 2004, Vol. 17, No. 2, p. 271.

在台湾问题上依然有巨大分歧，但也正是在曾经造成中澳关系激烈矛盾的台湾问题上，澳大利亚并没有再次与美国统一战线，澳大利亚外长在2004年8月访华时宣布《澳新美条约》是不针对其他地区的军事行为，并公开宣称"若中美因台湾发生冲突，澳不会因同盟条约而自动支持美军"。此后，澳大利亚的对华政策总体上趋向缓和。

澳大利亚亚太政策演变过程引起关注的原因还在于该国的亚太政策较为典型地体现了外交与内政的联系。正如克里斯托弗·希尔所言："对外政策永远不能脱离国内背景。没有国内社会，也就没有对外政策。"布鲁斯·麦斯基塔也强调："国家关系的基本法则就是国际政治由国内事务所塑造并源于国内事务。"国内政治因素影响着对外政策制定、实施的优先方向及效果。一方面，亚太政策对澳大利亚的国内政治造成了重大影响，例如与中国关系处理得较为成功的霍华德就曾多次连任总理，而其竞选中的主要政绩则是成功的对华关系。另一方面，澳大利亚国内政治局势变动又会影响澳的亚太政策。澳大利亚政府的亚太政策不仅直接、间接造成澳大利亚多届内阁的人员变动，甚至对总理本人的下台也有影响。例如，孟席斯政府的亚太政策一直受到他的继任者和澳大利亚学界的抨击，他们认为孟席斯政府时期以欧洲为中心，忽略了亚太地区，并且在外交上常常忽略亚洲国家的感受。孟席斯是一位坚定的浪漫主义者和亲英派，用他的话说，就是"英国与他形影相随"。因此，他的外交政策是典型的"重欧轻亚"。孟席斯的亚太政策导致澳大利亚与亚太关系的许多方面都出现了问题，包括在中美建交问题上的误判使得澳大利亚在亚太地区变得极为被动，也正是亚太政策的落后导致孟席斯的最终下台。但是，由于孟席斯在保守党内有极高的政治威望和牢固的统治地位，他的外交理念仍然在其后的很长一段时间内被持续贯彻。

那么，澳大利亚的亚太政策到底是如何形成的？澳大利亚的亚太政策在稳定的外部环境下是如何产生变化的？是哪些因素导致澳大利亚的亚太政策发生了变化，并且这些因素的影响路径是怎样的？对这些问题的回答都需要回到澳大利亚的国内政治中去。

在目前的研究中，澳大利亚亚太政策的国内动因似乎并没有得到足够的解释。因此，从国内政治的角度研究澳大利亚的亚太政策不仅可以获得对澳大利亚乃至亚太地区中等强国外交政策成因的一般性解释，还可以为内政与外交关系的研究提供新的案例。

除了"有限自主"和在欧美、亚洲之间摇摆之外，澳大利亚的亚太政策也具有稳定性。二战后，无论是在美苏争霸的冷战时期还是中国崛起的新时期，澳大利亚的亚太政策都未发生根本改变，这其中的主要原因在于其政治制度的稳定性。作为一个遵循威斯敏斯特体系的典型西方民主国家，无论政党如何轮替、外部环境如何变化，澳大利亚的亚太政策都存在一以贯之的主导性理念。与亚太地区的老牌强国和新兴国家不同，澳大利亚是一个相当稳定的中等国家。因此，本书认为，澳大利亚亚太政策的决定性影响因素仍然在其国内。

基于以上考量，本书拟从历史传统、政治制度、利益和观念四个方面对澳大利亚的亚太政策进行系统研究。通过这一研究框架力图使澳大利亚政府看似疑亚又亲亚的亚太政策能够得到较为全面的解释。除此之外，由于本书关注的是国内政治，在研究的过程中也大量涉及澳大利亚的历史、政党政治、意识形态、社会经济文化等诸多方面的情况，所以本书也为国人更深入地了解澳大利亚国内政治运作提供了一个窗口。考虑到澳大利亚代议民主制植根于英国体制的特殊情况，此意义可能更为重大。本书另一个重要意义在于试图从澳大利亚亚太政策的影响因素中提炼出对中国外交和中澳关系发展有借鉴意义的经验和教训。当前，南海问题持续发酵，作为域外国家的澳大利亚也频频插足南海问题，较为细致地分析梳理澳国内政治对其亚太政策的影响，对厘清当前纷乱的局势有所助益。

## 第二节　国内外既有研究成果

长期以来，澳大利亚的亚太政策一直是学界所关注的热点，国内外学界已从不同角度对澳大利亚的亚太政策进行了深入分析并已取得一系列重大研究成果，本书关于澳大利亚亚太政策的国内动因研究正是建构于这些研究成果的基础之上的。本节对较具代表性的研究成果进行系统的归纳梳理，将相关研究成果根据国内成果和国外成果分为两个大类，在这两个大类中，再根据研究主题和研究视角的不同划分为对澳大利亚的总体研究、澳大利亚亚太政策研究成果和澳大利亚对华政策研究成果三个类别，这些研究成果对于本书整体分析框架的建立不可或缺。

## 一 国内研究成果

纵观近年来国内学界所进行的国际问题研究，涉及澳大利亚的部分正在不断增加，这为我国今后澳大利亚问题研究奠定了良好基础。目前，国内研究澳大利亚问题的机构以中国人民大学澳大利亚研究中心、北京大学澳大利亚研究中心、中山大学太平洋研究中心和中国社会科学院亚太与全球战略研究院为主要代表。

（一）对澳大利亚的总体研究

在国内，澳大利亚的亚太政策研究本身不是显学，国内学者中的大部分立足于宏观的澳大利亚研究，而在澳大利亚的亚太政策方面，仅有的著作集中在历史学角度或者国际环境、外部因素对其亚太政策的影响等方面。目前，国内对澳大利亚的研究多集中在对其历史以及文化方面的介绍，主要的著作有骆介子的《澳大利亚建国史》[1]、张天的《澳洲史》[2]、王宇博的《澳大利亚：在移植中再造》[3]以及韩峰的《当代澳大利亚》[4]。总体而言，上述著作都是对澳大利亚历史和基本国情的系统回顾和介绍。

（二）澳大利亚亚太政策研究

相比美国、日本、韩国甚至朝鲜等亚太国家，国内学者对澳大利亚的重视程度相对不足，研究澳大利亚亚太政策的著作和论文数量相对较少，内容也大多停留在表层的叙述与历史事实的介绍上。但是，近年来也涌现出一批专注于澳大利亚亚太政策的研究成果，其中较有代表性的著作主要有：刘樊德的《澳大利亚东亚政策的演变》[5]，该书主要梳理

---

[1] 骆介子：《澳大利亚建国史》，商务印书馆1991年版。
[2] 张天：《澳洲史》，社会科学文献出版社1996年版。
[3] 王宇博：《澳大利亚：渐进中的转型》，四川人民出版社2010年版。
[4] 韩峰、刘樊德：《当代澳大利亚》，世界知识出版社2004年版。
[5] 刘樊德：《澳大利亚东亚政策的演变》，世界知识出版社2004年版。

和分析了二战后澳大利亚东亚政策所经历的三次重大转变以及演变的原因。汪诗明的《20世纪澳大利亚外交史》[①]是对澳大利亚自立国以来外交过程的全历史回顾，也是国内少有的研究澳大利亚外交史的专著，在这部著作中，汪诗明系统论述了澳大利亚联邦自成立伊始到20世纪90年代的外交关系。该书的重点虽然是澳大利亚对亚洲的外交政策，但是也包括了对澳大利亚与英国、美国、苏联甚至南非等国关系的系统阐释。张秋生的《澳大利亚与亚洲关系史（1940—1995）》[②]以澳大利亚与亚洲关系的发展作为切入点，将二战以后澳大利亚与亚洲关系的发展根据不同时间段的不同特点划分为三个阶段，阐述了自1945年以来澳大利亚与亚洲从排斥到融入，历经波折最终逐步稳定并且互相交融的过程。

另外，当前国内学界在探讨澳大利亚亚太政策形成的深层次动因时，主要以外部因素作为切入点，仅将亚太政策作为澳大利亚对外政策的一部分进行较为笼统和宏观的研究。岳小颖的《从"保障安全"到"提升地位"：第二次世界大战后澳大利亚对美国追随政策之分析》[③]着重从澳美同盟这一角度来分析和阐释澳大利亚的亚太政策，该书所选取的典型案例是澳大利亚追随美国所参与的多次战争，重点不在于针对亚太政策和对华政策做出具体分析和论述，而在于研究澳美同盟这一外部因素是如何影响澳大利亚的对外政策的。

（三）澳大利亚对华政策研究

关于中澳双边关系以及澳对华政策，东北师范大学政法学院王光厚教授等的《澳大利亚对华政策析论》[④]一书较具代表性，他认为，澳大利亚对华政策的主要影响因素有三个，分别是亚太地区"权力转移"走势、澳大利亚内部政党政治变化和中国与澳大利亚之间的意识形态差异。在

---

[①] 汪诗明：《20世纪澳大利亚外交史》，北京大学出版社2003年版。
[②] 张秋生：《澳大利亚与亚洲关系史（1940—1995）》，北京大学出版社2002年版。
[③] 岳小颖：《从"保障安全"到"提升地位"：第二次世界大战后澳大利亚对美国追随政策之分析》，上海社会科学院出版社2013年版。
[④] 王光厚、田力加：《澳大利亚对华政策析论》，《世界经济与政治论坛》2014年第1期，第47—58页。

《澳大利亚对中国崛起的认知与反应》①一文中,中山大学国际关系学院喻常森教授认为,中澳关系的性质是崛起中的东方社会主义大国与倾向维持现状的西方资本主义中等强国之间的合作与竞争关系,两国的依赖关系受多个因素影响,其中较为典型的则是澳大利亚学术界、公众及媒体对中国崛起的反应和认知。

## 二 国外研究成果

(一) 对澳大利亚的总体研究

在澳大利亚学界,研究澳大利亚历史和基本国情的专著数量众多,②而与本书研究关联程度较大的是历史学、政治学和社会学方面的专著,其中最有具代表性的有:由澳大利亚资深历史学家斯图亚特·麦金泰尔撰写的《澳大利亚史》③,该书用简明的语言概述了澳大利亚自欧洲移民登陆至今的政治、经济和文化历史;在政治学方面,大卫·洛弗尔的《澳大利亚政治制度》(The Australian Political System)④ 是了解澳大利亚政治制度的权威性著作,它对澳大利亚政治制度的阐释面面俱到、深入浅出;在社会学方面,大卫·希尔的《澳大利亚的形成》(The Making of Australia)⑤ 阐述了澳大利亚从欧洲移民殖民初期到联邦建立的社会变迁过程,该书是澳大利亚社会学研究中的新晋优秀成果,能够帮助研究者通过对社会变迁的分析了解澳大利亚社会的主流价值观。

(二) 澳大利亚亚太政策研究

关于澳大利亚的亚太政策,澳大利亚学者的研究成果也颇为卓著,涉及澳大利亚亚太政策的文献资料数目繁多。这些研究的视角各有不同,

---

① 喻常森:《澳大利亚对中国崛起的认知与反应》,《当代亚太》2010 年第 4 期,第 128—142 页。

② Ernest Scott, "A Short History of Australia", William Coleman (ed), *Only in Australia: The History, Politics, and Economics of Australian Exceptionalism*, Oxford University Press, 2016. Alan Gynell, *Fear of Abandonment: Australia in the World since 1942*, La Trobe University Press, 2017.

③ [澳] 斯图亚特·麦金泰尔:《澳大利亚史》,潘兴明译,东方出版中心 2005 年版。

④ David W. Lovell, Ian McAllister, William Maley and Chandran Kukathas, *The Australian Political System*, Melbourne: Longman, 1995.

⑤ David Hill, *The Making of Australia*, William Heineman, 2014.

试图回答的主要问题也存在差异，但都对澳亚太政策提出了带有极大启发性的解释。其中，从国内层次解释澳大利亚亚太政策的研究概括起来有以下6种。

第一，从行为者角度解释澳大利亚的亚太政策，强调主要行为人态度、价值观对澳大利亚的外交政策和亚太政策的影响。韦勒①在其编辑的论文集中以历任总理为切入点，分别论述了历任总理的亚洲观以及在其任期内澳大利亚的亚太政策。卫斯理（Michael Wesley）是澳大利亚国立大学国家安全研究院的研究员，他在著作《霍华德的困境：澳大利亚的亚洲政策（1996－2006）》[ *The Howard Paradox*：*Australian Diplomacy in Asia*（1996－2006）]② 中提出的观点是，出于对美澳同盟的考虑，霍华德时期亚太政策调整幅度较大，从之前的"融入亚洲"转到"融入欧美，背对亚洲"。

第二，从政治制度的角度解释澳大利亚的对外政策和亚太政策。米勒③1969年在其文章《澳大利亚议会在对外政策中所扮演的角色》中论述了议会在外交政策以及亚太政策决策过程中所发挥的重要作用，他认为，由于国内民众对议员的诉求集中在国内问题，所以议员的主要注意力也在国内问题，针对外交问题的质询常常沦为形式。因此，议会在外交政策制定中的作用非常有限，总理和内阁在澳大利亚对外政策的制定过程中难以受到议会的有效约束。洛弗尔④1995年在《澳大利亚政治制度》中也研究了议会选举制度，认为这种选举制度造成政党体系的离心，在这种情况下，民众关于亚太局势的观点难以通过选举和执政党得到体现。

第三，从政治决策角度对澳大利亚的亚太政策进行研究，通过分析

---

① Patrick Weller（ed.），*Menzies to Keating：The Development of the Australian Prime Ministership*，Melbourne：Melbourne University Press.

② Michael Wesley，*The Howard Paradox：Australian Diplomacy in Asia*（1996－2006），Sydney：ABC Books，2007.

③ J. D. B. Miller，"The Role of the Australian Parliament in Foreign Policy"，*Paliamentarian*，Vol. 50，No. 1，Jan 1969.

④ David W. Lovell，Ian McAllister，William Maley and Chandran Kukathas，*The Australian Political System*，Melbourne：Longman，1995.

外交决策的过程阐释亚太政策的主要影响因素。格奈尔和卫斯理在《澳大利亚政策制定》(*Making Australian Foreign Policy*)[①] 中通过选取历史案例详细分析了澳大利亚亚太政策制定过程中所牵涉的具体行政机构和政治制度，该书的侧重点在于以历史学的方法还原政策制定的本真过程，力图最大限度地还原政策制定过程中每一种因素起的作用。

第四，从历史学角度解释澳大利亚与亚洲关系的演变。大卫·沃克的《焦虑的国家》[②] 着重梳理了1850—1939年澳大利亚与亚洲的关系。在这段时期，澳大利亚对亚洲的认识与其作为英国殖民地的身份认同紧密联系，澳大利亚认为亚洲最终会引发所谓的"黄祸"，对澳大利亚会有入侵的威胁，因此对亚洲人应该重点防范。此阶段澳大利亚的亚洲观依然比较原始，其亚太政策依附于英国。

第五，从角色理论角度解释澳大利亚的亚太政策。例如，斯科特的《中等强国的澳大利亚：角色和身份的模糊》[③] 认为澳大利亚的外交政策的出发点是"中等强国"的定位，这意味着在亚太地区，澳大利亚力争做一个区域大国。

第六，对澳大利亚亚太政策的多影响因素进行系统而全面的考察。詹姆·斯科腾、约翰拉·文斐尔的《与亚洲共处，世界事务中的澳大利亚》(*Seeking Asian Engagement*: *Australia in World Affairs*, *1991-1995*)分析了影响澳大利亚外交政策的各项因素，包括国内和国外两大方面。其中，外部环境的变化尤其是冷战的结束和亚洲经济的崛起是影响澳大利亚亚太观的主要因素。

（三）澳大利亚对华政策研究

国外学者关于澳大利亚对华政策的研究成果总体上较为有限，专门的著作较为少见，直接论述澳大利亚对华政策的论文同样寥寥无几。在对华政策方面，少量的代表性著作有：澳大利亚资深中国问题专家斯蒂

---

① Gynell & Wesley, *Making Australian Foreign Policy* (2<sup>nd</sup> Ed), Cambridge University Press, 2007.

② David Walker, *Anxious Nation*, Brisbane: University of Queensland Press, 1999.

③ David Scott, "Australia as a Middle Power: Ambiguities of Identity and Role", *Journal of Diplomacy and International Relations*, Vol. 14, 2013, pp. 111-121.

芬·费兹杰拉德的《中国与世界》(China and the World) 和 E. M. 安得鲁斯的《澳中关系史》(Australia and China: the Ambiguous Relationship)。

专著较少并不意味着国外学者对澳大利亚对华政策的重视不足，因为他们对澳大利亚对华政策的研究一般散见于澳中关系及澳外交政策的论著之中。曾任澳大利亚外长的埃文斯 (Gareth Evans) 著有《90年代澳大利亚的外交关系》(Australia's Foreign Relations in the World of the 1990s)①，该书针对亚太的专门论述是以地区为划分方式，分别论述了澳大利亚同亚太各地区的关系，包括澳中关系，以史实描述和对各个阶段特征的总结作为主要内容。除了对现实状态的描述以外，该书的重要意义还在于其为研究者提供了澳大利亚外交决策者的视角，通过对该文本进行分析可以洞悉澳大利亚外交决策者行为的驱动因素，尤其是观念方面的影响。

总体而言，澳大利亚对华政策的研究成果可以分为以下3个类别。

第一，从同盟理论来阐释澳亚太政策的外部影响因素，例如罗伯特·萨特的《以美国的视角看三十年的中澳关系》(Thirty Years of Australia-China Relations: an American Perspective)。该文对1972年至2002年这三十年的中澳关系发展进行了简要的梳理，同时还分析了美国对华态度对澳对华政策的影响。

第二，从两党制度来看澳大利亚对华政策，代表性的论文有：拉塞尔·特鲁德的《1997年澳大利亚的外交政策》(Perspectives on Australian Foreign Policy—1997)，该文介绍了1997年澳大利亚对华政策的内容；玛丽安妮·埃尔顿的《2005年澳大利亚的外交政策》(Perspectives on Australian Foreign Policy, 2005)，该文部分内容论及了霍华德政府采取的中美均衡的对华政策，同时分析了该政策的得失。

第三，从政策出发，以实际的政策为基点，将澳亚关系具象化为澳大利亚对亚太各国的不同政策，并且根据不同的政策分析澳大利亚对亚太各国的态度。休·怀特的《权力转移：新世纪下重新审视澳大利亚在

---

① Gareth Evans and Bruce Grant, *Australia's Foreign Relations in the World of the 1990s*, Melbourne: Melbourne University Press, 1992.

亚太地区的地位》(*Power Shift*:*Rethinking Australia's Place in the Asian Century*)指出,澳大利亚应当在亚太地区联合美国、日本及韩国等传统盟国,形成合力共同对抗中国崛起。另外,在研究澳大利亚外交政策时论及澳对华政策的代表性专著还有阿尔宾斯基的《澳大利亚工党的对外政策》(*Australian External Policy under Labor*:*Content*,*Process and the National Debate*)和图尔特·弗思的《国际政治中的澳大利亚:澳大利亚对外政策绪论》(*Australia in International Politics*:*an Introduction to Australian Foreign Policy*)。

## 第三节 本书的主要创新

### 一 研究内容创新

当前,国内外学界对澳大利亚亚太政策的系统研究已经取得了重大进展,但在梳理关于澳大利亚亚太政策的文献资料后也可以发现其中存在的一些问题和不足,主要表现为对澳大利亚亚太政策进行的研究历史学专著多,而政治学专著少。相关的政治学研究成果虽然涉及政治制度因素、决策者个人因素、政党制度因素以及经济因素,但共同的问题是只强调以上因素中的一个或两个,因而不能反映事情的复杂面貌,更缺少把这些因素放在一个具体政策的决策过程中进行实证研究的先例。不可否认,这些成果对于从国内层次理解和解释澳大利亚亚太政策是非常有帮助的,但并未有专著从澳大利亚国内动因作为切入点系统地分析其政策形成过程中的驱动因素也不失为一个遗憾。

因此,本书把历史传统、政治制度、利益、观念等多重因素放在决策过程中专门研究澳大利亚亚太政策的演变、国内成因及其特征的尝试具有一定的创新性。中国社会科学院欧洲研究所前所长陈乐民曾指出:"一国外交是它的内政在对外关系上的延续。不存在孤立于这个国家的政治经济和社会发展之外的'外交'。"虽然"外交是内政的延续"这一论断人尽皆知,但对其进行实证研究的并不多,本书也希望能够成为国内澳大利亚亚太政策研究成果的有益补充。

当前,国内学界研究澳大利亚亚太政策的专著或论文往往站在中国的角度或者说是以一个局外人的视角来分析澳大利亚的对外政策，而非去观察了解澳大利亚到底是怎样的一个国家。作为一个独立国家，其对外行为的逻辑依据到底是什么，澳大利亚主流社会的价值观和内部决策制定过程究竟如何，这些研究对澳大利亚的观察始终是隔了一层"膜"。另外，国内大多数研究成果依然将澳大利亚作为美国的"附庸"来研究，认为澳大利亚的对外政策与美国紧密相连，对澳大利亚的对外政策的研判只需要看清美国的亚太政策即可。现实状况却在一定程度上与此相反，澳大利亚对亚太的政策正处于一个逐渐独立的过程，在可预见的将来，澳大利亚的亚太政策的独立性可能日渐加强，尤其是在美国的海洋霸权优势逐渐衰退的背景下。

本书的作者曾在澳大利亚求学和生活多年，有机会了解并获取大量第一手的英文资料、数据和调查结果，更有许多直接来源于澳大利亚本国专家和政府的内部报告。这些资料都反映出澳大利亚政府寻求更独立的外交政策，其对亚太或对华政策都绝不仅仅是作为美国的"附庸"而是作为一个独立国家在权衡多方利弊后作出的选择。与此同时，对澳大利亚的研究更多的应该是从其基本国情出发，通过了解、认识该国的国内政治、利益以及观念等因素来对这个国家的对外政策作出分析和研判。

## 二 研究方法创新

与其他很多关注重大政治现象的理论研究一样，本书关于澳大利亚亚太政策的国内动因研究也存在利普哈特所言"太多的变量，太少的案例"[①] 问题。尽管澳大利亚亚太政策的表象与特征并非难以发现，但却较难系统地界定和衡量，因此，较为适合的研究方法是比较历史分析。比较历史分析也可以被视为基于历史事件、历史过程和特定历史时期的比较案例研究。

在一项关于政治制度演进的研究中，西达·斯考切波指出："为了建立起因果关系的解释，人们可以运用比较历史分析，在各国历史轨迹中

---

① Arend Lijphart, "Comparative Politics and the Comparative Method", *The American Political Science Review*, Vol. 65, No. 3, pp. 682 – 693.

选取一些片段来作为比较的单位。"而这种比较历史分析的目的是"建立、检验和提炼有关民族国家一类的事件或结构整体的宏观单位的因果解释假设"。① 对澳大利亚亚太政策国内动因的研究也可以采用类似的方法：选取一定数量的典型案例和历史事件作为样本，抛开外部环境与其他国家的影响，观察在这些样本案例中发挥作用的因素，还可以观察这些案例对澳大利亚国内有何反作用，在此基础上进一步提炼和总结在所有案例中都发生作用的因果机制和共同模式。这样，就能相对有把握地确定澳大利亚国内动因与亚太政策之间的因果联系。

在进行比较历史研究的基础上，本书还注重客观事实的调查研究，弥补国际政治研究领域文献分析多、定性分析多而定量分析少的问题。对于关键变量和主要影响因素的选取，本书将排除单一影响因素论和过多变量影响论，明确主题、突出重点，在摒除变量混杂不清问题的同时超越既有研究范式。

### 三 对策层面的创新

通过对澳大利亚亚太政策的国内动因进行系统的分析梳理可以发现，与大多数西方发达资本主义国家类似，在既有历史传统和价值观念的影响下，澳大利亚国内各方势力能够借助相关政治制度以实现其利益。在这其中，亚太经济政策已日渐成为澳大利亚总体亚太政策的主要组成部分，因为涉及经济利益的亚太政策对澳国内各方势力的影响尤为深远，尤其是对澳大利亚国内政治的影响。在澳大利亚建国后的相当长时间内，议会对亚太政策缺乏足够的重视，但随着澳大利亚与亚洲经济关系的日渐密切，考虑到选民的呼声和自身的政治地位，澳大利亚议会在当前更加重视亚太政策。澳大利亚国内越来越多利益相关方参与亚太政策的博弈也使得中国所面临的局势更加复杂，可能会出现更多的中澳关系负面影响因素。

对于澳大利亚国内因素在中澳关系中的负面压力，中国政府有必要

---

① ［美］西达·斯考切波：《国家与社会革命》，何俊志等译，上海人民出版社2007年版，第36—37页。

多渠道、多方式化解。在澳大利亚,无论是总理、内阁、议会还是利益集团的政策偏好只有上升为国家政府的政策偏好才能实现自身目标,而要形成一种政策输出,议案必须获得大多数议员的支持。虽然澳大利亚议会在亚太政策中的关注重点是经济政策而非安全政策,但中国仍有必要以澳大利亚议会作为主要突破口,在其内部寻求建立一种保守与温和集团代表之间的权力均势结构,扩大合作收益,提高不合作成本,强化相互间的均衡性依赖,继续以自身的经济发展带动澳大利亚经济的发展,坚持互利共赢的合作局面,进一步扩大亲华团体在澳大利亚政府对外事务中的影响力。

# 第二章

# 澳大利亚亚太政策的历史传统

英国保守主义政治学家欧克肖特曾经说过,政治研究应该是一种历史研究,因为政治活动在眼前表面呈现的东西,都深深扎根在过去。不注意它的生成常常就丧失了发现其意义的线索。要想对当今澳大利亚亚太政策的国内动因进行研究,同样需要回到澳大利亚亚太政策的历史中去寻找"发现其意义的线索",并通过该线索去理解欧克肖特所说的政治研究中应着重考虑的"政治传统"和"具体的行为样式"。本章以依附主义、疑亚主义、现实主义、"有限自主"、"中等强国"理念和澳大利亚的双重身份难题作为研究澳亚太政策的历史线索。澳大利亚的亚太政策不仅是对各历史阶段现实问题的应答,也是对澳大利亚外交传统的继承,这些传统因素至今仍在澳大利亚的亚太政策取向中发挥着不容忽视的巨大作用。

## 第一节 依附主义与疑亚主义

### 一 依附主义传统的缘起

研究澳大利亚的亚太政策,至今绕不过一个长久争论不休的话题:澳大利亚是否能够独立自主地执行其亚太政策?从确保国土安全的角度来看,澳大利亚的依附性由来已久。在建国后相当长的时间内,澳大利亚的防务基本依附于其宗主国英国,唯英国马首是瞻,直到第二次世界大战,澳大利亚也没有自己清晰的亚太政策。二战后至今,澳大利亚又转而依附美国,将澳美同盟作为其国家安全战略的基石。但是,对英国的依附可以说是经济、政治、文化、安全等方面的"全面依附",而对美国的依附则主要局限于安全问题,二者间存在程度上的重要差别。

(一)澳大利亚的"英国情怀"

如果说澳大利亚被殖民以后的历史是一部相对于亚欧大陆的"例外史",那么这一切例外的根本影响因素就是地理位置上的例外。澳大利亚位于南太平洋和印度洋之间,地处亚欧大陆的东南方,由澳洲大陆和塔斯马尼亚岛等岛屿和海外领土组成。澳大利亚四面环海——东濒太平洋的珊瑚海和塔斯曼海,西、北、南三面临印度洋及其边缘海。在政治地理学家和地缘政治学家看来,地理位置上的孤悬海外必然会对这个国家的政治行为和国民心理产生影响。一种观点认为,英国著名地缘政治学家麦金德的学说实际上描述的是盎格鲁—撒克逊民族特有的恐惧反应,而这种恐惧感源于海洋国家易受攻击、国土狭小的地理特点。欧洲之父莫内曾说过:"英国人的民族特点促使他们在与他人交往中追求一种特殊地位。这种民族特点是很难改变的。"戴高乐也曾指出:"英格兰是一个岛国,是一个海洋国家。它所有的行为来自于它独特的习惯和传统。"作为英国的前殖民地,澳大利亚无论是在民族文化还是地理位置方面都与其母国有着很强的相似性,对英国欧洲政策的评述一定程度上也适用于澳大利亚的亚太政策。英国隔英吉利海峡与欧洲大陆相望,而澳大利亚则隔着阿拉弗拉海与印度尼西亚遥望,这一现实情况对澳大利亚的亚太经济、政治、安全战略都产生了深刻影响。

与母国的地理分隔使澳大利亚白人心中与亚欧大陆的隔阂感被他们作为移民国家的历史记忆强化。作为英国的殖民地,澳大利亚在殖民地建立初期一直期望在这片新大陆上传承英国的文化和习俗。与美国的"民族熔炉"性质不同,在被殖民之初,澳大利亚的移民基本上全部来自英国,甚至殖民本身就是为了解决英国国内罪犯过多的问题。1788年1月16日,菲利普船长(Arthur Philip)率领第一支英国舰队登陆悉尼湾并且将该地建成英国殖民地,自那时开始,主要来自英格兰的殖民者一直将澳大利亚视为南半球版本的英国,期望能够在制度、习俗、文化方面完全承袭英国。例如,澳大利亚人在二战以前一直都将自己视为英国人,而且他们十分认同这个身份。① 另一个明显的证据就是濒临亚洲的澳大利亚甚至原封不动地模仿英国对亚洲地区的划分方式,也就是把亚洲分为"近东""中东"和"远东"(吊诡的是,英国的"远东"实际上恰恰是澳大利亚的"近东")。直到1940年面对日本侵略威胁时,澳大利亚时任总理孟席斯才突然改口承认:"英国所称的远东,就是我国的近北。"②

(二)英国是澳大利亚实现其利益的靠山石

地理上的分隔以及澳大利亚英裔移民与亚洲当地居民在民族、文化等各方面的格格不入成为澳大利亚人怀疑亚洲当地居民的重要原因,但对于现实而精明的澳大利亚人来说,利益才是决定他们亚太政策更为重要的因素。在澳大利亚与亚太国家关系发展的相当长时间里,尤其是在第二次世界大战之前,澳大利亚的亚太政策与英国完全保持一致,或者说具有完全的"依附性",澳大利亚不断卷入与己无关的英国全球和地区争霸中。在这一时期,英国的国家利益即澳大利亚的国家利益,不论现实情况是否如此,当时的澳大利亚政府和民众无不认同这一做法。澳大利亚在独立之后很长一段时间中对英国的"完全依附"有着深刻的根源,或者说,这是澳大利亚在权衡自身利益之后的有意选择。③

就经济利益而言,与同样作为英国殖民地的美国不同,澳大利亚殖民地的经济利益完全系于英国的经济利益。在金融方面,澳大利亚的金融业基本上由英国掌控。1851年,英国拥有澳大利亚银行三分之二的资产。④在外贸方面,澳大利亚向英国出口额为430万英镑,逐渐代替德国成为英国主要的羊毛供应国。⑤ 在国际市场方面,英国为澳大利亚提供保

---

① 悉尼就是以当时的英国内政大臣的名字命名的,而悉尼市中心的主要街道的名字都是英国国王/女王的名字,例乔治街(George Street)、国王街(King Street)、伊丽莎白街(Elizabeth Street)。

② Menzies, Australian Pride, 1945.

③ 张秋生:《澳大利亚与亚洲关系史(1940—1995)》,北京大学出版社2002年版,第44页。

④ W. J. Hudson, *Australian Independence: Colony to Reluctant Kingdom*, Melbourne University Press, 1988, p. 14.

⑤ Bernard Attard, The Economic History of Australia from 1788: An Introduction, https://ww. eh. net/encyclopedia/the - economic - history - of - australia - from - 1788 - an - introduction/,上网日期:2017年2月19日。

护和支持，使得澳大利亚的商业与贸易能够得到安全保障。①

就安全利益而言，殖民地时期，澳大利亚的海陆防御都由英国代劳，1870年前，澳大利亚的陆地和海上防务全部由英军承担。在19世纪80年代初，澳大利亚从责任政府到平民百姓，都没有什么防务意识，政府组织的地方部队素质极差。1901年，澳大利亚联邦成立，这种防务依赖性基本没有改变，澳大利亚的国防大权依然由英国掌握，英国的陆海军，特别是海军，是澳大利亚确保本国安全不可或缺的重要依靠力量。

就政治和外交利益而言，澳大利亚在建国初期甚至不能算作完全意义上的主权国家。直到1931年英国议会通过《威斯敏斯特法案》前，澳大利亚政府的外交权都归英国所有："澳大利亚的外交政策，在一切主要方面都和英国政府的外交政策没有区别。"而直到1986年英国议会通过《与澳大利亚关系法》，澳大利亚才算获得完全立法权和司法终审权，但是澳大利亚国内政策还会随着英国态度的转变而发生变化。例如，澳大利亚在20世纪初时正执行"白澳"政策，在该政策执行过程中澳大利亚政府颁布了《移民限制条例》，该条例因为限制日本移民而遭到日本政府的强烈反对。一开始，澳大利亚政府对此置若罔闻，但三年以后，澳大利亚政府却出人意料地修改了条例。这一政策发生根本性转变的重要原因在于，1905年英国和日本为了对付沙俄在远东的扩张签订了第二次同盟条约，英日同盟进一步加强，②为了避免激怒日本，英国向澳大利亚政府施加了巨大的压力。

概而言之，这一时期的澳大利亚以英国的利益或者说以"大英帝国的荣耀"为自身的最高利益。在此前提下才适度地追求自身的独立利益。因此，这一时期澳大利亚的亚太政策完全服从和服务于英国的亚太政策。

（三）一战到二战：全面追随英国的典型案例

在20世纪初的第一次世界大战期间，澳大利亚不仅在亚太政策上追随英国，甚至协助英国派兵远征与本国并无明显利益纠葛的欧洲，可以

---

① P. J. Cain and A. G. Hopkins, *British Imperialism: Innovation and Expansion, 1688 - 1914*, Longman Publishing, 1993, p. 176.

② Myra Willard, *History of the White Australia Policy to 1920*, Melbourne University Press, 1974, p. 125.

说，这是那段时期澳大利亚的"正常行为"。1914年，工党领袖费舍（后在选举中成为澳大利亚总理）就战争发表讲话，他说："澳大利亚坚决地站在祖国（指英国）一边，协助她，支持她，直至战斗到最后一个人和最后一个先令。"① 这句话并非只是一个向宗主国表忠心的口号，澳大利亚在一战中是实实在在地为这场以欧洲为中心的战争"出力流汗"，正如澳大利亚的战争口号所宣示的："拯救帝国，保卫澳大利亚。"

1914年8月3日，当战争的乌云迫近时，澳大利亚看守政府总理约瑟夫·库克代表政府宣布在战争期间澳大利亚的海军交由英国海军部指挥，并准备战争一开始就提供2万远征军。8月4日午夜，英国向德意志帝国宣战，澳大利亚在第一时间做出了坚决反应，当即对同盟国宣战。8月5日下午，库克总理在墨尔本办公室召集报界代表宣布："我已收到帝国政府发来的如下电文：同德国的战争已经爆发。"澳大利亚举国上下一致表示同意给母国和其他盟邦以无条件援助。

澳大利亚政府对参战也是积极团结的，达成了跨党派的共识。库克看守政府在战争爆发后没有几天便召开了各州总理和联邦政府各部部长会议，商讨战时防务、经济以及中央与地方关系等问题。这样，澳大利亚卷入了大战的旋涡。

在澳大利亚大选完成以后，新任总理费舍就立即着手解决参战问题。自1788年以来，澳大利亚一直处于和平状态。为了这场战争，政府需要把国家从和平转向战争，使国家生活战争化。对澳大利亚来说这完完全全是新的问题，无任何经验可借。工党政府为达成目标，采取了一系列的有力措施。

如前所述，澳大利亚的战争口号是"拯救帝国，保卫澳大利亚"。第一批远征军全系志愿入伍。政府在参战后号召人民自愿报名入伍，当时民众报名十分踊跃积极，很快达到数万人，且80%以上为澳大利亚出生者。在整个大战期间，澳军始终保持着五个师的编制，入伍士兵达416809人，送往欧亚非战场上作战的人数达331781人。到战争后期，尤

---

① ［澳］斯图亚特·麦金泰尔：《澳大利亚史》，潘兴明译，东方出版中心2005年版，第145页。

其是在1918年，几乎所有的参战国兵源都已枯竭，澳大利亚国内弥漫着厌战情绪。在这种条件下，离战场有半个地球之远，而人口不足500万的澳大利亚竟能派出33万多人的部队到海外作战，并能坚持四年，这确实是澳大利亚历史上的重大事件，也可以看出澳大利亚对英国的外交依附程度。

一战中，澳大利亚人口仅有500万，而澳军阵亡者为59342人，受伤者达152171人，伤亡人数达到20多万，并且大多数为青壮年男性，伤亡人数是出发人数的64.98%，也是英联邦各国军队伤亡人数比例最高的。澳大利亚入伍人数占男人总数的13.43%，而这个比例在英国也只是22.11%。1914—1919年，澳大利亚耗用战费3.64亿英镑，此外，年金、遣送归国费、伤员安置费、战债利息以及归国士兵补助等花费2.7亿英镑左右，两项合计达6亿英镑，以500万人口计，战时财政损失人均近130英镑，使得澳大利亚在经济上付出了巨大代价。①

巨大的伤亡和沉重的经济代价给澳大利亚的社会和政府造成了巨大的震撼，但这并未使国内根深蒂固的追随英国和"欧洲中心"的观念大伤元气。真正让澳大利亚自身定位从"欧洲国家"转移到"亚太国家"的是太平洋战争的爆发和日本军队兵临城下。

澳大利亚从20世纪初以来，虽已由英国的殖民地变成自治领，但其政治、经济、军事、外交等根本方针政策仍是由英国来确定的。澳大利亚只是名义上的独立国家，它实际上仍是英国一块遥远的移民区、原料产地和商品市场。因此，在英国1939年9月3日对德宣战后，澳大利亚总理孟席斯以"本国的安全与英国的安全分不开"为由，向人民宣布：由于德国继续进犯波兰，澳大利亚现已处于（对德）战争状态。

与一战时期形成鲜明对比的是，虽然澳大利亚联邦政府在参战后立即采取措施，增加军需生产并招募、训练和装备军队，派军到海外，但是澳大利亚国内并没有出现踊跃参军的场面。同时，在二战之初澳英两国领导人的关系也出现了不和，原因之一在于澳英双方指责对方未能尽

---

① ［澳］斯图亚特·麦金泰尔：《澳大利亚史》，潘兴明译，东方出版中心2005年版，第151页。

到应尽义务，英国希望澳大利亚效仿一战做法，派出更多军队直接支持对德作战。而同时，澳大利亚一直担忧太平洋局势，但是英国在太平洋问题上给澳大利亚的回应始终模棱两可。①

1941年太平洋战争的爆发和英国在亚太地区进行殖民统治的香港和关键殖民地——新加坡——的沦陷是澳大利亚与英国全面依附关系持续的重要转折点。1941年12月澳大利亚总理柯廷公开表示，"澳大利亚将对美国有所期望，我们与英联邦的传统血肉关系中的种种痛苦不复存在"。1942年初，澳大利亚坚持要将澳军撤回本土保家卫国，而不是调去参加缅甸保卫战，并且将澳军交由美国指挥。

澳大利亚转头追随美国有着现实的安全考量：一方面，澳大利亚的政治精英已经达成共识，认为英国完全不重视澳大利亚的安危，澳大利亚将新加坡的陷落称为"澳大利亚的敦刻尔克"，认为英国并没有承担其保护澳大利亚的责任。另一方面，日本对澳大利亚本土的攻击加剧了澳大利亚对本土被入侵的恐惧，并且摧毁了澳大利亚曾经的安全认知——在此之前，澳大利亚认为威胁来自欧洲——当达尔文港遭受空袭、东部沿海的贸易航线频繁被日本潜艇袭击以后，澳大利亚发现其安危与亚太地区紧密相连。因此，出于现实的目的，澳大利亚放弃了对母国的依赖和忠诚，澳大利亚的外交政策，也包括亚太政策出现了里程碑式的调整：开始将自己定义为一个独立的国家，为了寻求在亚太地区的繁荣和安全，将命运更多地寄托在美国身上。但是，不同于之前追随英国的"母国情结"，澳大利亚追随美国更多的是出于现实主义和国家利益的考虑。

## 二　澳大利亚的疑亚主义传统

澳大利亚亚太政策传统中的疑亚主义并非偶然，它根源于澳大利亚的地缘位置：一个位于地缘战略核心区边缘的孤岛国家，成长于欧洲移民关于亚太地区的历史记忆中，最后在对国家利益的理性思考中强化了疑亚主义。

---

① 英国在1941年底已经私下与美国达成一致意见：必须首先打败希特勒然后再顾及太平洋战场。

如果把澳大利亚与亚太地区的关系比喻为一条历史的河流，疑亚主义就是这一历史长河上的支流和潮流；而主流和内在运行规律则是澳大利亚与亚太地区不断加强的融合以及融合中形成的密不可分的联系。尽管澳大利亚人极不情愿地承认他们是亚洲人，但他们的确离欧洲很远、离亚洲很近。当强调疑亚主义时，大多数研究者不仅不否认澳亚关系的主流是不曾停止过的文化融合这一基本事实，而且把这一事实作为研究的基本前提。正是主流和支流、潜流和潮流的共同存在决定了澳大利亚和亚太地区关系的若即若离。澳大利亚在二战后的亚太政策无论具体表现形式是融合还是孤立，在根本上都没有走出"若即若离"的政策框架。

（一）疑亚主义的起源

对于早期的澳大利亚殖民者来说，太平洋地区顾名思义象征着太平，居住在这个地区的原住民相隔遥远、散乱分布在各个岛屿、能和自然和谐相处。殖民者对他们的印象是"温和的原始状态"和"堂皇的野蛮精神"。而对太平洋另一端的亚洲，欧洲殖民者的印象则是地中海以东所有国家和地区的居民在整体生活方式方面要逊于西方，同时又具有令人忧虑的威胁性，尤其是东方人的懒惰、荒谬、专制和衰败。[①] 因此，澳大利亚早期殖民者不论是对澳大利亚的土著还是对亚洲人，优越感、恐惧感和排斥的情绪自然而生。这种欧洲人对外族人的不屑一顾和固有成见，被爱德华·赛义德称为"东方主义"。[②]

疑亚主义的第一个表现是排斥澳大利亚本土具有"亚洲人特征"的原住民。澳大利亚早期殖民者与澳大利亚原住民的交恶被许多历史学家记录。虽然入侵者和原住民也有过零星的、短暂的友好相处时期，但是早期殖民者对澳大利亚土著人的敌对情绪始终存在。当英国殖民者在登陆时遭遇土著人，他们对土著人充满了恐惧和厌恶的情绪，华肯·邓齐（Watkin Tench）是这一支舰队里的官员，他曾在日记中这样记录[③]："这些可怜的生物好像并没有固定的住处……偶尔的时候，我们认为主要是

---

[①] David Walker, *Anxious Nation*, Brisbane: University of Queensland Press, 1999, p.56.
[②] Edward Said, *Orientalism*, Pantheon Books, 1979, p.14.
[③] http://www.aboriginalheritage.org/history/history/.

在夏天，他们会用树做一个糟糕透顶的小棚，但是也只会住上几天。"在许多持有白人至上主义的英国殖民者眼中，澳大利亚原住民就和袋鼠、袋狼和鸸鹋差不多，应该为了给畜牧业和农业提供更多的土地而被消灭。主教柏丁在他的日记中写道："我曾听到一个拥有许多牛羊的、受过教育的人说，射死一个土著和射死一只野狗没有什么区别，越来越多的人认为应该尽快地将他们消灭掉，这个进程越快越好。"[①]疑亚主义第二个表现是，澳大利亚殖民者在鄙视亚洲人的同时又对亚洲国家存在现实疑虑。出于对日本扩张的担心，澳大利亚政府在1919年6月建立了太平洋局，以研究远东和太平洋国家。而严格限制亚裔移民的"白澳政策"则是疑亚主义在国内和国际政治中最为典型的表现。

(二) 疑亚主义的典型表现："白澳政策"（White Australia Policy）

如果说早期殖民者与土著人的冲突源于白人至上主义和对澳大利亚土地资源的争夺，那么澳大利亚针对亚洲移民所实施的"白澳政策"也与压榨原住民的政策一脉相承，只是在历史演进的过程中，这两个原因所占的比重不一样，表现形式存在区别。

"白澳政策"是澳大利亚"疑亚主义"的强烈体现，也是深植于澳大利亚人记忆中的"种族主义"限制政策。在19世纪，澳大利亚也出现了许许多多入侵题材的文学作品，这些作品将亚洲人臆想为敌人，如《黄潮：亚洲侵澳传奇》[②]《莫迪亚洛克战役》《白种人与黄种人》，这些书籍编造了来自亚洲的邪恶力量秘密谋划夺取澳大利亚的故事，整体思维和当时的英国非常相似，因为英国在同时期也有大量文学作品编造了邪恶的亚洲人将入侵西方文明世界的故事。

19世纪中后期，澳大利亚最为关注和担心的国家大事就是澳大利亚的亚洲化问题。当时的澳大利亚，从政府到民众，人人自危，社会上充满了忧虑和担心。在那段时期，澳大利亚社会流行着"觉醒的东方""崛起的东方""黄祸"等说法。在这种焦虑的氛围中，"白澳政策"应运而生。这项政策的主要内容是通过在各港口限制到达澳大利亚的有色人种

---

① http://www.aboriginalheritage.org/history/history/.
② 该书英文名为 The Yellow Wave: A Romance of the Asiatic Invasion of Australia。

的数量来控制澳大利亚的非白人人口。该政策的萌芽始于1850年，直接起因是大量的华工在维多利亚州的金矿与白人矿工发生冲突，而冲突的核心在于白人矿工担心华人矿工抢夺了他们的工作。与此同时，澳大利亚政府也意识到亚裔劳工特别是华人数量正在急剧上升——从1853年的2000人增加到1857年的40000人。因此，维多利亚州政府在1855年通过立法，限制华工通过维多利亚州的港口入境，随后新南威尔士州和南澳洲也通过了类似的法律。从该政策的萌芽可以看出，澳大利亚的疑华政策从19世纪60年代就已开始。"白澳政策"在出台的初期主要是针对中国移民，随后这项政策也扩大到对日本移民、南亚人和南太平洋岛民的限制。

"白澳政策"在1901年正式出台，是年，澳大利亚政府颁布《移民法》，目的是明确限制亚洲移民数量，这项移民法被看作"白澳政策"的突出体现。《移民法》中的歧视性规定一直执行到20世纪70年代才结束，澳大利亚政府通过该政策强行控制了澳大利亚境内的有色人种人口数量。总而言之，白澳政策的执行是澳大利亚早期扭曲亚洲观的表现，该政策的执行在以后很长时间影响了澳大利亚政府亚洲政策的制定和澳亚关系的正常发展。[①]

## 第二节 现实主义、"有限自主"和"中等强国"理念

现实主义亚太政策传统肇始于二战，但在这之前，确保本国安全也是澳大利亚亚太政策完全依附英国的重要影响因素。即使是完全依附于英国，澳亚太政策也有着现实主义和"有限自主"的萌芽。

一战期间，澳大利亚紧跟英国对同盟国宣战并参与了争夺德属新几内亚殖民地的联合登陆作战。战后，远东和太平洋地区的国际安全形势发生了重大变化：德国和俄国势力被根除，美国和日本的军事力量显著

---

① 张秋生：《澳大利亚与亚洲关系史（1940—1995）》，北京大学出版社2002年版，第43页。

增强。英国虽然在战争中元气大伤,但仍然维持着在本地区的既有殖民地和势力范围。在这种情况下,澳大利亚延续了一贯政策,强调自己是英国的重要组成部分,继续把自身安全完全托付于英国。澳大利亚派代表出席了1921年底和1922年举行的华盛顿军备限制会议,支持英国将新加坡修建为海军基地并赞成签订太平洋公约。[1] 然而,"九一八事变"宣告了一战后国际安全秩序的破裂,到1932年国联裁军会议失败时,澳大利亚再次面临日本的威胁。

尽管英国不断重申对澳大利亚和新西兰有保护义务,但1929年的经济危机严重冲击了英国的综合国力,也使澳大利亚的国防经费下降到了一战以来的最低点。英国时任参谋长威廉·艾恩塞德认为:如果日本对英宣战,英国将眼睁睁地看着其太平洋舰队"沉入海底"。[2] 一方面,为了应对本地区安全局势的深刻变化,澳大利亚政府批评英国过分关注经济问题和欧洲事务,而未对太平洋地区防务给予应有的重视,对英国未能按照预期速度加强新加坡的防御感到不满,抱怨其参与帝国整体防御机制建设的态度不够积极。另一方面,澳大利亚内部开始在国防立足于本土防卫还是大英帝国防卫问题上出现较大分歧。联邦政府主张在加强英美同盟的基础上不断加强海军建设力度,而在野的工党主张"国防自主",力图建立本国独立的防务系统,避免澳大利亚介入本土以外的纷争。[3]

虽然与英国的隔阂日益加深,但澳大利亚仍无法独立地担当维护本国安全的重任,其国防政策至多只是"有限自主"。1939年,澳大利亚跟随英国对德宣战,其陆军和皇家海军大部分开赴欧洲和中东交给英国指挥,而置与自身命运攸关的亚太地区于不顾。直到太平洋战争爆发,上述局面才得到根本改变。

---

[1] 刘樊德:《澳大利亚东亚政策的演变》,世界知识出版社2004年版,第28页。
[2] 张秋生:《澳大利亚与亚洲关系史(1940—1995)》,北京大学出版社2002年版,第50页。
[3] H. R. Cowie, *Crossroads: Asia and Australia in World Affairs*, Thomas Nelson Australia Pty Ltd, 1980, pp. 204–215.

## 一 现实主义和"有限自主"

不切实际的"欧洲中心"和"亚太中心"都是澳大利亚亚太政策中现实主义的典型表现，1941年爆发的太平洋战争成为澳大利亚亚太政策转变的直接原因。二战后，澳大利亚形成了"有限自主"的亚太政策：在安全上相当依赖美国，但在经济、政治和外交合作方面却更加追求独立自主，从自身利益出发采取更为"圆滑"的路线方针。

（一）从"全面追随英国"到"部分依赖美国"

1. 太平洋战争：转折的直接原因

太平洋战争从根本上改变了亚太地区的原有安全格局，也成为澳大利亚亚太政策的转折点。1941年12月，太平洋战争爆发，日本陆海军势如破竹，在短短两个月时间里攻占了大部分东南亚国家和地区，英澳远东防御力量遭到毁灭性打击，新加坡的15000名澳大利亚士兵全军覆没，盟军舰队也在泗水海战中遭到决定性失败。1942年2月，日军开始空袭澳北部门户达尔文港，澳大利亚本土岌岌可危。同年，时任澳总理的柯廷第一次拒绝了伦敦太平洋会议关于将中东的澳大利亚军队调往缅甸的决定，坚持将澳军第七师调回本国驻防，像这样与英国公开分歧是史无前例的，标志着澳大利亚传统的英国情结即将被本国的现实安全需求所取代。

既然无法依附英国，澳大利亚的外交和安全政策不得不开始调整，澳将重心从大西洋转到太平洋，决定和美国结成同盟。1941年12月27日，柯廷总理在新年献辞中明确表示："毫无保留地声明澳大利亚将转向美国……并把美国作为政策的基石。"[①] 他的演说成为澳大利亚外交和安全政策转向的标志。为了加强澳美关系，柯廷向美国总统罗斯福提议将美国西南太平洋战区盟军司令部设在澳大利亚，双方还决定建立设在墨尔本的美澳联合司令部。麦克阿瑟为总指挥官，澳大利亚将军托马斯·布来梅为副总指挥官，负责指挥全部陆军。太平洋战争期间，有100多万美军驻扎或经过澳大利亚，这一时期的联合作战不仅保卫了澳大利亚的本土安全，更是为战后澳美同盟的缔结做了铺垫。

---

① 汪诗明：《20世纪澳大利亚外交史》，北京大学出版社2003年版，第84页。

随着盟军的节节胜利,澳大利亚对战后太平洋事务表现出极大关切,对美国有意提高中国的大国地位以及 1943 年开罗会议未邀请澳大利亚表示强烈不满,[①] 澳大利亚决定通过努力提高自己在太平洋战争中的地位。1944 年,澳大利亚与新西兰签订《澳新协定》,目的是在西南太平洋和南太平洋地区建立区域性防御区,两国在相关问题的处理中一致行动。这些举措标志着澳大利亚通过自身努力在亚太政策的某些领域追求独立自主。

2. 对美国的安全依赖

二战结束后,美国成为亚太地区乃至全球范围内当之无愧的霸主,苏联的地位也得到了显著提升。为对抗社会主义阵营,美国试图与澳大利亚和新西兰讨论缔约问题。1951 年,《澳新美同盟条约》订立,美国订约的前提包括以"一系列安排"替代"单一性安排",即分别与日本、菲律宾及澳大利亚、新西兰缔约,同时将美日、美菲和澳新美联盟拼成一个系列,全部纳入美国的亚太战略轨道。出于遏制共产主义在远东和东南亚扩张的考量,澳大利亚被迫屈从于美国签订对日合约,将苏联和中华人民共和国视为主要的威胁。[②]

《澳新美同盟条约》是澳大利亚在历史上首次与非英联邦国家签订防务条约,在外交和安全领域具有划时代意义,"象征着澳大利亚外交和防务开始进入一个以太平洋地区为焦点的新时代"。[③] 从此,澳美同盟成了澳大利亚对外政策和国家安全的基石。在美国"前沿防御政策"和多米诺骨牌理论的影响下,冷战前期澳大利亚安全战略的主要内容是将军事力量重点配置在本土以北地区以防范来自东南亚方向的共产主义的可能威胁,并在南太平洋和东南亚地区跟随美国对抗共产主义势力,派兵参与朝鲜战争和越南战争。

20 世纪 60 年代末和 70 年代初,亚太安全形势发生了巨大变化。首先,1967 年,英国宣布将在 1971 年前逐步撤出其在马来西亚和新加坡的军事力量;其次,1969 年美国尼克松政府正式宣布结束越南战争,美国

---

① 张天:《澳洲史》,社会科学文献出版社 1996 年版,第 307 页。
② 张秋生:《澳大利亚与亚洲关系史(1940—1995)》,北京大学出版社 2002 年版,第 82 页。
③ 汪诗明:《20 世纪澳大利亚外交史》,北京大学出版社 2003 年版,第 103 页。

进入战略收缩阶段。英、美势力相继从东南亚地区撤出，导致军事实力薄弱的澳大利亚继续留在"前沿防御"的最前沿，这使得澳大利亚颇为不满，不得不重新调整其安全战略。以惠特拉姆为代表的工党政府逐渐认识到，有必要放弃沿袭了几十年的"前沿防御"思想，奉行睦邻友好和地区合作方针，加速改变亚洲政策，改善与周边国家的关系。与此相适应，1976年发布的澳大利亚国防白皮书也开始调整某些不切实际的内容，强调东南亚地区和西南太平洋对于自身安全的重要意义，主张本土防御，依靠自身实力维护国土安全。尽管白皮书中还没有详细阐述对澳大利亚国防力量建设的战略规划和总体目标，但在历史上首次提出"自主防御"的安全指导原则，具有标志性意义。[①] 也充分说明澳大利亚即使是在最为重要的防务问题上也逐渐由对美国的完全依赖转为部分依赖。

（二）"有限自主"的亚太政策逐步成型

经历两次世界大战以后，随着国家实力的上升包括国防和军事实力的提升，澳大利亚在外交、立法和司法等领域逐渐与英国脱离，经济、社会发展势头良好。在整个50年代，澳大利亚的GDP保持平均4%的增长率。与英国不同，澳大利亚并没有在二战以后衰落，相反，澳大利亚经济恢复到战前水平并且国家实力迅速发展。由于澳大利亚经济主要依靠国外市场的进口，得益于二战以后的全球经济复苏，澳大利亚的经济发展有了绝佳的机会。住房、汽车和电视是50年代强国居民生活水平的重要标志，而在20世纪50年代初，澳大利亚的房屋拥有率从1947年的53%上升到70%，位居世界前列；每5个澳大利亚人拥有一辆汽车，到60年代初，每3个人便拥有一辆汽车；1956年以后，电视也在澳大利亚迅速普及，在整个50年代和60年代初，年增长率一直保持在4%以上。战后初期，澳大利亚社会就业率高、生产率和收入提高，其发展的速度是空前的。那时，政府面临的问题不是需求的不足，而是需求的过剩，因此，澳大利亚开始将目光投向更为广大和更具潜力的亚洲市场，并以此作为寻找贸易机会的新征途。

两次世界大战对欧洲造成的创伤导致欧洲作为澳大利亚的主要出口

---

[①] 宫少朋：《澳美安全合作的纠葛与其前景》，《美国研究》1992年第2期，第63—64页。

市场已不再能满足澳大利亚的经济发展需求。与之相对，二战以后，亚洲经济恢复速度较快，通过比较图2—1、图2—2和图2—3①可看出，澳大利亚与欧美的贸易额持续衰落，而与亚洲的贸易在二战以后突飞猛进，澳大利亚的外贸中心从跨大西洋地区转移到了跨太平洋地区。

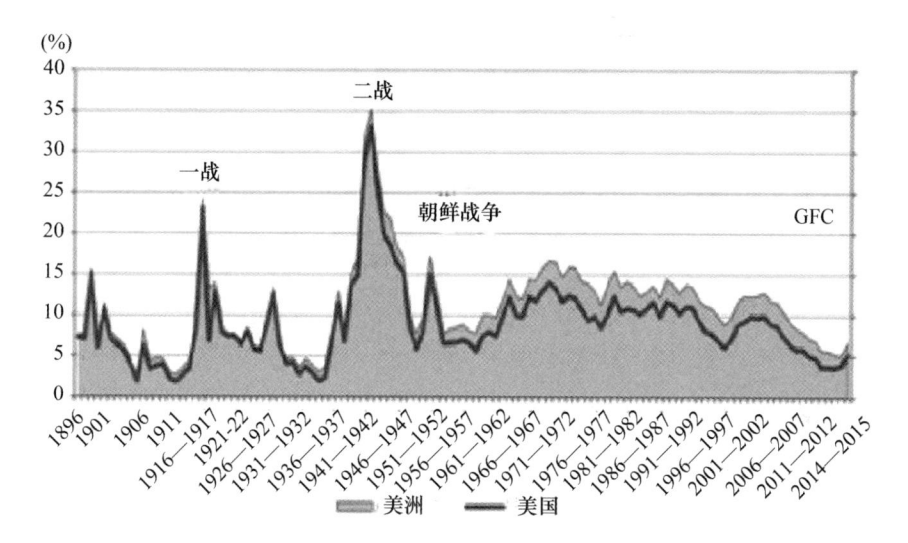

图2—1 1896—2015年澳大利亚对美国和美洲货物出口占总出口的比例

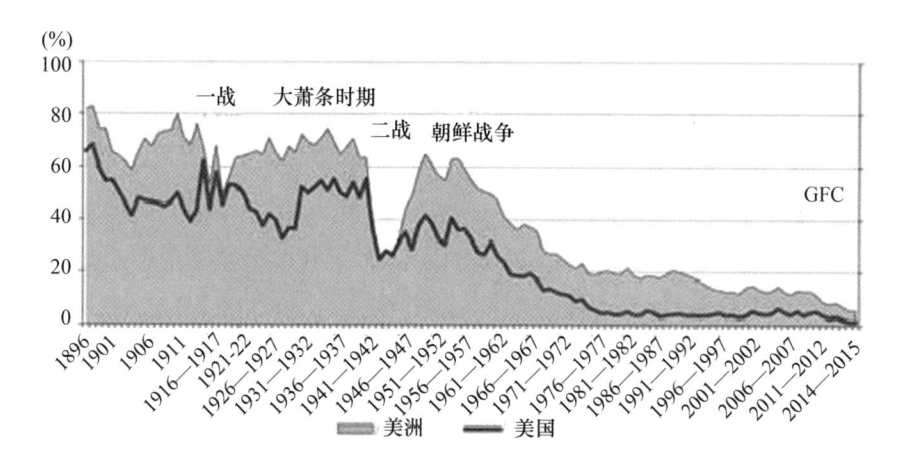

图2—2 1896—2015年澳大利亚对欧洲和美国货物出口占总出口的比例

---

① DFAT, Australia's Trade since Federation, http：//dfat. gov. au/about – us/publications/Documents/australias – trade – since – federation. pdf, 上网日期：2017年4月18日。

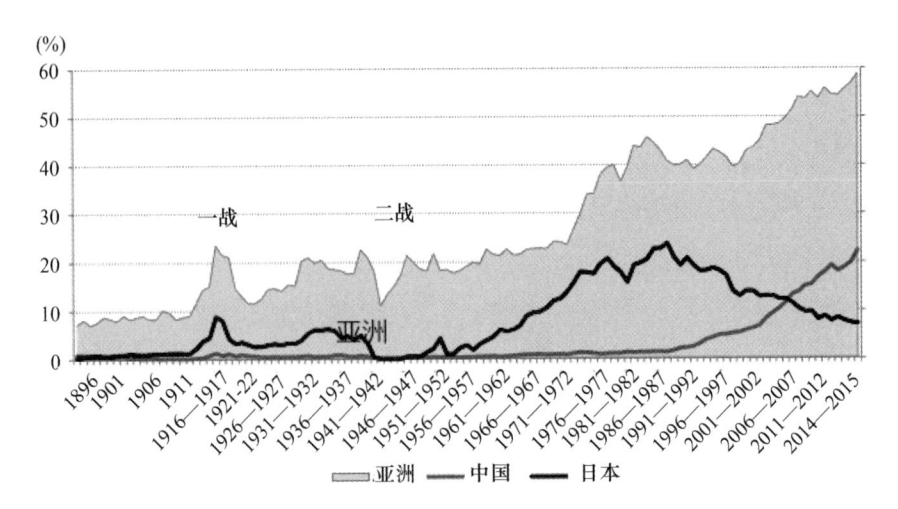

**图2—3　1896—2015年澳大利亚对亚洲、中国和日本货物进口占总进口的比例**

澳大利亚在经贸方面的成功与现实主义外交政策紧密相连，或者说其外交政策紧随经济利益。澳大利亚建国初期的主要贸易市场是英国，出口的产品包括小麦、羊毛、铁矿石等，在此阶段，澳大利亚与英国的外交政策保持高度一致，经历了大萧条和第二次世界大战以后，澳大利亚意识到将所有的赌注押在英国身上对澳大利亚来说并非最优选择，澳大利亚有必要与其他国家和新兴市场建立良好的贸易关系。因此，澳大利亚开始积极参与战后新国际贸易体系的创建，与其他23个国家一起签订了关税及贸易总协定（General Agreement of Tariffs and Trade，GATT）。从50年代初到70年代，得益于全球战后重建的热潮，澳大利亚经济经历了一段"长期繁荣"（long boom）。1973年10月爆发的第四次中东战争大幅抬升了油价，减缓了全球特别是西方发达国家的经济发展速度，在此之后将近20年的时间里，澳大利亚经济也进入缓慢发展的阶段。与此相对，亚洲的部分经济体发展迅速，首先是日本的重新崛起，其次是"亚洲四小龙"，也就是中国台湾、新加坡、韩国、中国香港的经济腾飞，20世纪80年代开始，中国和东南亚的一些国家也紧随其后，经济发展迅猛。亚洲经济的蓬勃发展与澳大利亚经济逐渐萎靡的状态形成了鲜明对比，澳大利亚更加意识到与亚洲经贸关系的重要性。在此期间，澳大利亚驻亚洲的外交机构增长迅速，其主要目的就是推动双方的经贸发展。

根据1983年澳大利亚驻华大使罗斯加内（Ross Garnett）的回忆，他刚从澳大利亚接到上任书来到中国，所进行的第一项活动就是参加一个钢铁厂的开业活动，因为该厂对从澳大利亚购买铁矿石和煤非常感兴趣。①

在国家安全和防务问题上，1986年，澳大利亚国际安全问题学者保罗·迪比向国会提交了著名的《保罗·迪比报告》，认为澳大利亚在当时的形势下没有直接的军事威胁，应当依靠加强自身防御力量应对可能发生的低强度军事冲突。②而随着1982年《联合国海洋法公约》的生效，澳大利亚更加强调保护专属经济区的经济利益和安全利益，应对低烈度冲突。但是，澳大利亚始终将澳美同盟视为不可撼动的战略基石，决定了其"自主防御"政策实际上是建构在澳美同盟基础之上的"有限自主防御"。

## 二　"中等强国"理念与亚太多边体系

### （一）澳大利亚"中等强国"理念的缘起

一国制定对外战略的基本出发点是对自身在国际社会中身份的界定，这也是理解和分析特定国家对外行为逻辑的基本参照系。中等强国（Middle Power）这一概念最早是在一战以后的巴黎和会上进入国际视野的。二战以后，国际环境趋于稳定，为中等强国的概念探讨提供了良好的环境。从现实主义理论出发，国家实力是划分国家等级的重要标准，中国学者王逸舟在研究国际社会各个国家的等级时，把人口作为指标之一，中等国家的人口应在五千万到一亿。③除此以外，经济实力、军事实力、国家政府的执政能力都是衡量标准。从经济来讲，中等强国的经济实力是其外交行为的基础，而中等强国的军事实力往往只能够维护独立和保护有限利益。中等强国最本质的一个特点是其在国际社会中无法成为"逆流而为"的国家，往往通过对超级大国的依附和追随来完成自身

---

① ［澳］罗伯特·麦克林：《陆克文传》，毕熙燕译，福建教育出版社2008年版，第82页。
② Robert Jervis, "Realism, Neorealism and Cooperation: Understanding the Debate", International Security, No. 1, 1999.
③ 王逸舟：《对国际社会等级结构的一种调研》，《欧洲》1996年第3期，第4—12、45页。

的外交目的。因此，中等强国的外交特点是既重视双边关系，又重视多边国际组织的参与，其双边关系的重点主要是与超级大国结盟来对抗与其利益不符的其他大国。毫无疑问，澳大利亚几乎符合"中等强国"的全部特征。

经历过二战的洗礼，澳大利亚对亚太事务和战后国际秩序进行了深入思考。在对战后大国主宰国际关系深切担忧的基础上，澳大利亚决定通过努力提高自己在国际政治中的地位，使大国无法完全主导自己的命运，以免再次发生太平洋战争中日军兵临城下的险恶局面。1945年4月，澳时任外长伊瓦特开始使用"中等强国"这一概念来形容与澳大利亚类似对地区安全有重要影响力的国家。[1] 1964年，澳大利亚前外长加菲尔德·巴里克（Garfield Barwick）对澳大利亚的中等强国的内涵曾作出过如下评述："澳大利亚作为中等强国的意义是多重的，除开在平时讲述中的清晰的意义以外，澳大利亚与发达国家和发展中国家都有共同利益，它所在的位置是已经实现和未实现发展的国家的中间：既是一个农业发达的国家又是一个工业化的国家，既有欧洲的文化而又与亚洲毗邻。"

澳大利亚无论从硬实力还是软实力来说都符合"中等强国"的定位，且该定位也得到了澳大利亚国内各界的广泛认同。总体而言，虽然澳大利亚政府在不同时期对于中等强国的侧重点有着不同的理解，但中等强国的定位是历届澳政府制定安全战略时的重要依据，即便是将西方价值观作为澳大利亚立国之本的前总理霍华德，也在他的漫长任期内六次访问中国。工党政府前外长埃文斯（Evans）更是中等强国理念的积极实践者，他的主张是澳大利亚不同于大国，但是已经与很多国家建立了广泛而深入的外交关系。作为中等强国，澳大利亚的外交不仅要发展双边关系，还需要积极构建和参加各类国际组织、进行多边外交实践，以及与各类国家集团共同行动。[2]在埃文斯担任外长的时期，澳大利亚积极参与了柬埔寨国内的和平谈判。1989年7月的巴黎会议让，柬埔寨在监督大

---

[1] Carl Ungerer, "the 'Middle Power' Concept in Australian Foreign Policy", *Australian Journal of International Affairs*, No. 4, 2007, p. 541.

[2] *Commonwealth Parliament Debates*, House of Representative, 24 March 1981, pp. 829—830.

选、和平重建以及临时政府的组建问题上陷入了僵局,埃文斯在该问题上提出,需要扩大联合国在过渡期的作用并且帮助柬埔寨监督大选。接下来,澳大利亚外交贸易部副秘书长迈克尔·卡斯特罗(Michael Costello)21天时间里在13个国家与有关各方召开了30多次会议并进行了大量的游说工作。最终,澳大利亚提出的解决方案得到了联合国安理会五大常任理事国、各地区大国以及柬埔寨国内各方的接受。

除了秉持更为积极的亚太政策以外,"中等强国"理念的突出表现是澳国家安全战略自主性的增强。澳美双边关系对澳大利亚的国家安全和国际地位固然至关重要,但作为全球霸权国,美国的国家定位与战略着眼点与澳大利亚迥然相异,所采取的许多外交与安全政策对澳大利亚的现实国家利益帮助有限,甚至可能使澳大利亚深受其害。2008年爆发的金融危机给澳大利亚造成的损失正是这一矛盾的产物。[①] 另外,随着亚太经济的突飞猛进和中国及其他新兴势力的快速崛起,澳大利亚国家安全战略的顺利推行绝不可能仅依靠与美国的紧密双边关系,澳大利亚政要也在各个历史时期多次表示要融入亚洲,根据自身现实利益加强与亚洲各国的经贸往来和安全合作。

澳大利亚在防务问题上日益独立的典型案例是国防建设。20世纪90年代以来,澳大利亚不断加强军事力量的建设力度,致力于建设南太平洋地区最为强大的海上作战力量以捍卫本土安全。就海军而言,当前澳大利亚皇家海军总人数已达13000人,装备各类舰船70余艘。此外,皇家海军还拥有航空兵950人,一批新型护卫舰和驱逐舰也陆续完工。[②] 澳军已成为南太平洋乃至整个亚太地区不容小觑的重要军事力量,1999年的东帝汶维和行动证明了这一点。

(二)对亚太多边体系的依赖

如前所述,澳大利亚亚太政策中依附性传统的主因在于澳大利亚是一座远离欧亚大陆的大孤岛,茫茫大洋阻隔了澳大利亚与西方世界的联

---

[①] 鲁鹏:《在理想和现实之间——从澳大利亚外交战略看澳大利亚南海政策》,《亚太安全与海洋研究》2015年第4期,第11页。

[②] 杨小辉:《"中等强国"澳大利亚的海军政策与实力及其对中国的影响》,《上海交通大学学报》(哲学社会科学版)2013年第4期,第54页。

系，造成以白人移民（特别是英裔）为主的澳大利亚浓重的隔阂感和孤立感。这种特殊的地缘环境加上相对稀少的人口和孱弱的重工业使澳大利亚难以独自承担起保卫国土安全的重任，也使其认识到海洋和海权（Maritime Power）作为他们与世界其他地区联系纽带和对其自身安全的重要性。[①] 因此，从1901年建国至今，澳大利亚在历史上大部分时期内忠诚追随掌握海洋霸权的西方大国。然而，澳大利亚独特的基本国情也正是其"中等强国"理念产生的主要原因，依靠自身努力、通过多边安全合作确保本国安全则是"中等强国"理念的最佳实践。[②]

在太平洋战争时期，澳大利亚总理柯廷曾被批评对麦克阿瑟言听计从，但在幕后，澳政府奋力维护其利益。1944年，澳大利亚与新西兰签订《澳新协定》，试图与美国在太平洋地区逐渐建立的统治地位保持一种平衡；1945年，澳大利亚向美国提出在战后由太平洋地区多数国家组成太平洋公约以维护地区安全。战后，这种以本国利益为导向的亚太政策取向并未消失，此时的澳大利亚已经认识到，澳大利亚既不能自我隔离于国际社会之外，也不能依靠保护者的诺言。因此，澳大利亚外长伊瓦特在战后要求加强联合国的权威，遏制超级大国的霸权，他还参与了联合国宪章的撰写并担任第三届联合国大会主席，是二战以后主张澳大利亚作为中等强国参与国际事务的典范。[③]

冷战后，澳大利亚继续通过多样化举措不断强化其与亚太各国的政治、经济和安全关系，其亚太政策趋于稳定。澳大利亚坚持多边主义，是亚太经合组织的积极倡导者和参与者。在东南亚地区，澳大利亚积极成为该地区具有影响力的大国。除了深化经济、政治联系，澳大利亚还将与亚洲的合作逐渐扩展到安全领域。

其一，加强与亚洲大国的军事交流与合作。澳大利亚在新的时期寻

---

[①] David Stevens, *Maritime Power in the Twentieth Century: The Australian Experience*, Allan & Unwin, 1998, p. 1.

[②] F. A. Mediansky, *Australian Foreign Policy into the New Millennium*, Macmilan Education Australia Pty Ltd, 1997, p. 191.

[③] ［澳］斯图亚特·麦金泰尔：《澳大利亚史》，潘兴明译，东方出版中心2005年版，第145页。

求融入亚洲，加强与包括中国在内的亚洲大国建立多边安全合作。就安全战略而言，对于中国的崛起，澳大利亚政府不无疑虑，希望通过各种安全合作增强战略互信。1994年的国防白皮书首次提出发展对华军事合作和对话，"鼓励中国充分参与地区与其他多边安全讨论"。[①] 从基廷政府开始，中澳两国军方交流与互访日益频繁，从1994年至2009年几乎每年都进行多种形式的接触交流与合作。2007年7月澳国防部长尼尔逊在访华时表示，中国和澳大利亚是"地区稳定的好伙伴"。[②] 澳日关系是澳大利亚除澳美同盟之外最重要的对外关系，例如，澳大利亚公开支持日本成为联合国安理会常任理事国。2007年3月，澳大利亚和日本在东京签署了《防务与安全合作的声明》，这是战后日本与美国之外的国家所签订的第一个防务协定，标志着澳日同盟关系的正式形成，[③] 日本已经成为澳大利亚在亚洲的"最亲密伙伴"。[④]

其二，增进与周边邻国的安全联系，积极参与各类安全行动。为了应对可能来自东南亚方向的威胁，保护海上通道以维护本土安全，澳大利亚正日益加强其与东盟各国的安全合作和军事交流，如向东盟国家出借军事基地，提供军事人员培训，2012年11月，澳大利亚时任外长鲍勃·卡尔曾表示，东盟在亚太地区占据核心地位。[⑤] 澳大利亚也在积极促成南太平洋防务协定的签署和多种形式的地区联合军事演习以增强本国与周边国家的军事互信，确保地区稳定。

## 第三节　澳大利亚亚太政策的两重性和双重身份难题

### 一　澳大利亚亚太政策的两重性：安全上依赖美国、经济上依赖亚洲

冷战结束后，世界政治格局出现"一超多强"的基本态势，经济全

---

① Deparment of Defence, Australian Government: Defence Paper 1994, Strategic Outlook, p.11.
② 《奥巴马赞澳对阿富汗战争贡献 称澳是最坚定盟友》，中新网，2007年7月16日，http://news.163.com/07/0716/07/3JGO259D00011MTO.html，上网日期：2017年1月3日。
③ 汪诗明：《论日澳"建设性伙伴关系"的形成》，《日本学刊》2007年第2期，第13页。
④ 《澳外长称日本是最亲密伙伴 将保持和中国合作》，《环球时报》2013年10月16日。
⑤ 王光厚：《浅析澳大利亚的东盟政策》，《国际论坛》2013年第4期，第26页。

球化和区域经济一体化日益加深,和平和发展成为时代的主题,亚太经济的持续发展和错综复杂的地区冲突并存。在这样的时代背景和现实情况下,澳大利亚的安全理念伴随各时期国防白皮书的出台日渐清晰。根据《2013 年国防白皮书》,澳大利亚的"关键性战略利益"包括四个层次的内容。第一层次亦即最根本的战略利益,是"保卫澳大利亚防范直接的武装进攻";"第二层次的重要战略利益是维持包括巴布亚新几内亚、东帝汶和南太平洋国家在内的我们紧邻地区的安全、稳定和团结";第三层次是"在我们直接邻近地区之外,澳大利亚在印度洋—太平洋特别是东南亚和海洋环境稳定方面具有持久的战略利益……其核心是东南亚的安全";最后一个层次则是维护"稳定的、基于规则基础上的世界秩序"。①

根据这些内容并结合实际政策的演变,当前澳大利亚安全战略的首要内容仍然是继续巩固和加强以国防安全同盟为鲜明特点的澳美关系。在海湾战争、台海危机、中美撞机事件、阿富汗战争和伊拉克战争等一系列冲突和战争中,澳大利亚始终坚定不移地支持美国,成为美国总统奥巴马口中"最坚定的盟友"。② 面对当前错综复杂的南海局势,澳大利亚南海政策演变也与美国南海政策的演变基本同步。无论是霍华德政府、陆克文政府、吉拉德政府还是当前的特恩布尔政府,澳美联盟始终排在第一位。澳美军事合作特别是以澳大利亚皇家海军为主体的海防安全军事合作仍是澳美安全关系的主流,也正是澳大利亚实现本国安全战略的主要途径。

然而,虽然澳美同盟是澳大利亚维护本土安全的基石,但在更为现实的经济发展方面,澳大利亚的主要贸易伙伴却基本都是亚洲国家。2012 年底的数据显示,澳大利亚前 10 位的贸易伙伴除英国外,其他 9 个经济体全部是亚太地区的国家,如果再将美国除外,剩下的全部是亚洲国家。澳大利亚与亚洲国家的贸易占其总贸易的 80% 以上,澳大利亚出

---

① Deparment of Defence, Australian Government: Defence Paper 2013, Australia's Strategic Policy Approach, pp. 23 – 28.

② http://www.china.com.cn/military/txt/2011 – 03/08/content_22084450.htm,中国网,2011 年 3 月 8 日。

口前 10 位的市场，8 个是亚洲经济体，对这 8 个亚洲经济体的出口占其总出口的 89%。中国更是澳大利亚最大的贸易伙伴，2012 年的双边贸易额高达 1176 亿美元，两国贸易占澳总贸易的比重超过 20%，而且澳大利亚对华贸易 2012 年的顺差高达 325.6 亿美元，以中国为首的亚洲国家经济崛起为澳大利亚提供了绝佳的经济发展机遇。在 2008 年全球金融危机引发世界经济衰退之际，澳大利亚政府一位高官曾亲口对笔者说："希望中国经济不要衰退，如果中国经济不能承担拯救世界经济的重任的话，中国经济肯定能够拯救澳大利亚经济。"他的判断十分正确，由于中国启动了大规模投资计划，中国经济在世界经济衰退中保持了快速增长，而澳大利亚对中国的出口也因此不降反增，其经济增长率也在发达国家中一枝独秀，未出现绝大多数发达国家那样的经济衰退。2008 年澳大利亚经济增长率高达 3.8%，2009 年也维持了 1.4% 的增幅。亚洲经济增长给澳大利亚经济发展带来的机遇使得澳大利亚日益与亚洲经济融为一体，成为亚洲经济的一部分。

正是基于这样的背景，2012 年，澳大利亚政府发表了《亚洲世纪中的澳大利亚白皮书》，预测了亚洲在 21 世纪的崛起，制订了 25 个方面的目标，试图增强与亚洲的合作，从亚洲崛起中获得更多的发展机遇。白皮书明确指出："亚洲一跃而成为世界经济的动力源，不仅势不可挡，而且发展越来越快。这一情况已经改变了澳大利亚的经济、社会以及战略环境……亚洲对能源和原料具有优良的消化能力，这种能力带来的各种好处已经显现。我们将要面临的下一个挑战是澳大利亚如何从亚洲的下一步需求中取得利益。"[①]

## 二 双重身份难题：欧美还是亚洲？

澳大利亚作为一个毗邻亚洲的西方国家，始终面临身份认同的尴尬。换而言之，澳大利亚究竟是一个"身处亚洲的西方国家"还是应该"脱欧入亚"，在政策取向和发展战略上全面向亚洲倾斜？现实主义和"有限

---

[①] Department of Defence, Defence White Paper 2013, retrieved on the 29th March, http://www.defence.gov.au/whitepaper/2013/docs/WP_2013_web.pdf.

自主"理念成型以来,这个问题始终困扰着澳大利亚的决策者,政策重心在欧美和亚洲之间摇摆也已成为澳大利亚亚太政策的重要传统。

澳大利亚虽然在地理上属于大洋洲,并不是亚洲或者更加广义的亚太地区的一员,但在经济上,澳大利亚已经被看成亚太区域不可分割的一部分。20世纪80年代和90年代,澳大利亚曾经有过是否需要脱欧入亚的争论,而今,无论其他国家还是澳大利亚内部都已经毋庸置疑地将澳大利亚的经济与亚洲经济,或者说与亚太经济联系在了一起。

澳大利亚经济日益与亚洲经济融为一体的基础是由其经济结构决定的。澳大利亚虽然是发达国家的成员,科技教育基础发达,教育水平和福利水平都比较高,2011年,其人均GDP高达61780美元,但是,独特的自然环境和资源致使其经济结构仍然具有偏基础产业的特征。澳大利亚是铁矿石、铅、铀、锌、金刚石的第二大生产国,是铝土矿、钛铁矿石、金红石和锆石等矿产的最大生产国,也是铝土矿、烟煤、铅矿砂的最大出口国,是第二大氧化铝、铁矿石和铀的出口国。因此,澳大利亚采矿业和其他基础性产业在国民经济中的比重在发达国家中偏高。2011年,采矿业增加值占澳大利亚GDP的比重达到7.9%,几乎与制造业(比重为8.5%)持平,这还未包括为采矿业提供各种制造和服务的其他行业的增加值。也正因为这一特征,澳大利亚经济的对外依存度很高,国际贸易占GDP的比重超过40%,商品与服务的出口占GDP的比重高达21.29%,其中矿产品出口占总出口的50%以上,位居OECD国家前茅。

长期以来,澳大利亚在国际分工格局中的角色是为欧美等发达国家提供农副产品和矿业原料,是欧美国家的一个主要原料基地。但从20世纪80年代开始,随着欧美经济发展放缓和制造业转移至海外,尤其是转移至亚洲,亚洲国家取代欧美成为澳大利亚矿产品的最主要进口地,澳大利亚对亚洲的经济依赖程度也随之不断上升。这是澳大利亚"脱欧入亚"的经济基础,也是澳大利亚整个对外经济政策转型的主要原因。

但是,经济上融入亚洲并不等于澳大利亚已经真正成为亚洲的一员,其在地缘政治和安全上的战略考量和利益取向仍然从属于欧美的世界观和政治准则,它仍是欧美体系中的重要一员。同样,尽管澳大利亚在经济上依赖亚洲，但是其主流的文化意识仍然是以欧美文化为核心的：澳大利亚60%以上的人口信奉基督教，"欧洲中心"的世界史观仍是整个澳大利亚官方的历史观。

在这一背景下，霍华德政府在20世纪末到21世纪初期便在事实上抛弃了脱欧入亚政策。在2003年2月的外交贸易政策白皮书中，当时的澳大利亚政府明确将自己定义为"位于亚太的西方国家"，强调西方价值观是澳大利亚的立国之本，是澳大利亚的"国家精神"，同时"也是我们处理各种国际商务的指导方针"。基于对澳大利亚西方国家身份的这一基本判断，霍华德政府的亚太政策在战略层面开始完全以美国马首是瞻。在此期间，澳大利亚一方面以美国为样本提升军事实力，增强与美国的军事合作，全面提升美澳军事同盟关系，澳大利亚军队开始改为美军建制并且接受美式训练，频繁与美军进行军事演习；另一方面，澳大利亚在国际上频频发声支持美国的军事战略和行动，比如，2006年3月澳大利亚积极参与针对中国的美澳日三边安全对话以及2007年初公开支持美国增兵伊拉克。

虽然接替霍华德担任总理的陆克文意识到仅仅依靠美国或者西方集团并不能解决澳大利亚在新时期所面临的问题，因而在执政初期迅速改变了其前任一味贴近西方的做法，更多地强调澳大利亚是亚洲的一员。但总体而言，历史上形成的与英国结盟以及后来与美国结盟的传统并没有随着澳大利亚与亚洲经济关系的日益密切而弱化，反而随着美国近年的"亚太再平衡战略"及将战略中心转向亚太地区而得到进一步加强。澳大利亚不仅继续保持了其亚太战略和安全依赖于美国军事同盟的传统，而且还变得更加积极主动，通过加大军事投入和积极参与美国组织的各种军事演习，配合美国"亚太再平衡战略"，试图成为美国在亚太盟友中的骨干力量和仅次于美国的领导者。

# 第 三 章

# 澳大利亚亚太政策的国内制度因素

本章重点研究影响澳大利亚亚太政策的国内制度成因。美国著名政治学家拉斯韦尔把决策过程分为信息收集、提议讨论、政策形成、批准、应用、终止、评估七个阶段。按照这种分法，前四个阶段属于政策制定，后三个阶段属于政策执行。本章主要关注决策过程的前四个阶段，通过分析澳大利亚亚太政策制定系统中的各个环节——文官、内阁、议会和首相——的功能以及作用，明晰澳大利亚亚太政策的制定过程。

一个国家的政治发展与成熟是一个缓慢渐进的过程，澳大利亚也不例外。从18世纪英国建立殖民地到19世纪末期澳大利亚的联邦运动，澳大利亚政治制度的建立也是在历史的长河中经过若干事件而逐渐形成的。正如政治学家B. 曼宁海姆所言："政策分析既要分析'僵硬的制度'，又要分析'活生生的人'。"政策制定者在政策制定过程中不仅受历史传统的影响，更重要的是受到现实政治的影响。而现实政治对政策制定者的影响，无非是通过政策制定者所处的外在制度，以及利益和观念等内在因素的驱动。

政策制定者处在特定的制度中，制度赋予政策制定者权力并为其权力提供合法性来源，同时也规定了行为者义务并为其义务提供内在的制约。但无论怎样精巧、严谨的制度，都不可能细密到无所不包、无所不规定。换而言之，制度只是为其中的行为者提供了一定的空间和自由裁量权。如此，不同的政策制定者在同一种制度中，可能会获得不同程度的权力。高明的政治家可以在制度允许的范围内尽量扩大自己的权力，以完成政治使命或为某个集团谋取利益，同时还能够成功地规避风险。

但精妙的制度设计并不是靠制度来约束人，而是靠制度中的人互相约束，因此，试图利用制度空间扩大自己的权力就是一件风险颇高的事情，因为人们内心的变化在正式表露之前，是难以估测的。

澳大利亚的政治制度是澳大利亚政治文明的结晶，在一定程度上也是经验主义的产物。澳大利亚虽然是英国殖民地，但其政治制度的发展历程也是最适合其本国国情的制度创新过程，与同样曾为英联邦殖民地的美国、印度存在巨大的区别，有着深刻的合理性和复杂性。澳大利亚遵循英国威斯敏斯特体系的基本原则，应该说在很大程度上为总理的权力预留了相当大的活动空间，但这个空间又受到议会、在野党、各利益集团和其他政治因素的极大制约。吊诡的是，总理的权力界限在澳大利亚宪法中并没有明确的规定，而是由制度中的行为者根据经验，以及制度中其他行为者的态度来推测。

## 第一节　亚太政策制定系统中的文官

### 一　文官形成的历史沿革

澳大利亚的文官制度是在19世纪中期英国文官改革所形成的文官制度的基础上建立起来的。19世纪后半期，各个殖民地责任政府中的官员任用缺乏规范，有的是毛遂自荐，有的是将官职作为政治资助的回报。这些做法造成政府官员工作效率不高、腐败滋生等现象。为了杜绝这类情况，1883年，维多利亚政府率先模仿英国的文官制度，通过了《文职人员条例》。其他责任政府先后效仿。1859年，新南威尔士议会颁布了更为完善的《文职人员条例》，成为当时主要的社会改革举措之一。条例规定成立一个独立于政府、对议会负责的文官委员会，该委员会掌管政府文职人员的有关事宜，包括录用、选拔、考核、评定、退休等，是握有实权的机构，不易被政府和党派所左右。[1] 1901年联邦成立后，于第二年由联邦议会通过法案，以新南威尔士的有关条例为基础，制定了《联邦文职人员条例》，正式确立了澳大利亚的文官制度，并沿用至今。其主要

---

[1] F. K. Crowley, *A New History of Australia*, Melbourne: William Heinemann, 1975, p. 237.

内容为：进入联邦机构的文官，都必须通过竞争性的公开考试，方可录用；文官的提升视业绩和能力而定；联邦政府的文官在经济和政治上受联邦政府的保护。1922年，联邦议会通过法案，建立"联邦文职人员委员会"，[①] 作为监督和管理文官的法定机构。这标志着澳大利亚的文官制度正式成型。

### 二 文官的权力和限制

文官制度中的一些重要原则保证了文官在政策制定过程中的作用得以发挥。例如，澳大利亚法律明确规定：文官不得为议员，不能参加党派政治活动，须保持政治上的独立。同样，澳大利亚法律也规定，只要其本人愿意为政府服务而不计较现政府的政治色彩，就能不受政府更替影响，在政府部门中受聘进行长期工作。因此，许多文职人员能够在自己的位置上工作多年。

这种公务员体制（文官体系）对政府政策的稳定执行具有重要作用。[②] 理论上，文官在政策延续性上的确可以起到很好的作用，而保证政策的延续也正是他们在政策制定过程中的作用所在。例如，文官职业的长久性使得文官而非内阁部长成为政策的"实际决策人"。由于对新岗位的工作缺乏深入了解，内阁部长们不得不依靠文官的经验和才干来开展工作。如此，文官的政策意图在潜移默化中就能够得以展示并得到贯彻执行。另外，文官的中立性又使得文官们能够超越党派的亲疏，保证政策的延续。因此，文官在政策制定过程中的作用也不容忽视。

澳大利亚的文官体制也赋予了一些高级文官过大的影响力，特别是第一级文官。这些人身居顶端，虽人数不多，但位高权重。因为他们熟悉本部门业务，拥有丰富的工作经验和相关才能，甚至还掌握某些就连主管的政务官员都不知晓的本部门机密。相较而言，由于各部部长必须通过选举上位，所以他们的日常精力通常会被赢得选举和党内政治等事务所牵扯，且大多数部长并不精通所辖部门的业务。所以，部门的重大

---

[①] 该机构英文名为public service commission。
[②] 澳大利亚的部长（Minister），一定是民选议员，一般情况下澳大利亚外长是内阁成员。

议案、法令，以及部长、政务官的发言稿，大都由高级文官起草。

实际上，澳大利亚的文官并不仅仅是主管政务官的重要助手，还是握有某些可控制部长之权力的幕后主管。虽然决策是部长等政务官的职责，但这些高级文官的作用和影响重大，甚至可能起到决定性的作用。本章所涉及的文官，主要是指与亚太政策有关的职能部门的文官，以及他们派驻在亚太各国的常驻代表。

### 三 亚太政策中的重要职能部门——外交部

外交部之于澳大利亚亚太政策的形成和执行，具有不可替代的作用。

（一）外交部的历史

澳大利亚外交部的演变，是和其国家地位的变化息息相关的。1788—1901年，澳大利亚是英国的殖民地，在此期间，澳大利亚没有独立的外交，并且视独立外交为"不忠"行为。

直到第二次世界大战后，随着澳大利亚民族自信心的勃发以及国际形势的变化，澳大利亚才逐渐形成了独立的外交政策。现在，澳大利亚对外政策的主要制定者涉及政府中的两个部门：以总理为首的行政部门和作为立法部门的议会。与外交事务有关的行政部门，主要有外交贸易部（Department of Foreign Trade and Affairs，DFAT）及国防部。

为了适应澳大利亚国家利益和国内需求的变化，外交贸易部（简称外交部）作为澳大利亚处理外交事务的主要行政机构于1987年成立。它由之前独立的外交部和贸易部合并而成。

（二）外交部的结构

外交部内部结构的设定，主要依据两个标准，即地区和职能。外交部的内部结构对其针对某一政策的制定和执行具有重大影响。

外交和贸易领域（portfolio）[①] 一般有两位部长和一个议会事务官。外交部部长的职能是负责部门所有的管理工作，部内的行政结构可能会由于外交事务的优先级和压力而轻微变动，但是，外交部一直保持着混

---

[①] Portfolio 在澳大利亚政治语境下的意思特指分管领域，内阁部长往往会分管多个分管领域。

杂地区事务司（亚洲、欧洲、太平洋，主要职责是处理与这些地区里单个国家的双边关系）和专业事务司（法律、安全、多边关系，主要职责是处理跨国和多国关系）这两种类别。

目前，外交部设有六个处理地区事务的司，如美国司和非洲及中东司等。在这六个司里，除了西亚和南亚事务司以外，还为东南亚地区设立了两个司，分别是东南亚海上事务司和东南亚大陆事务司。①

在对外贸易方面，外交部设有投资和经济司、自由贸易协定司，等等。此外，还有与各司平行的若干专项事务办公室，如澳大利亚贸易谈判办公室、海外资产办公室，等等。这些部门的第一负责人，并不是澳大利亚的外交部部长②，其高层管理包括一名事务官（secretary）和五名副事务官（associate secretary）。该部门的领导即事务官，既要对澳大利亚外交部部长汇报工作，也要向贸易与投资部长汇报工作。

（三）外交部的职责及人事任命权

澳大利亚外交部的职责主要是在国际上维护澳大利亚和澳大利亚人的利益，向政府提供外交和贸易政策咨询，加强澳大利亚的安全，提高澳大利亚的繁荣，并帮助澳大利亚旅行者和海外澳大利亚人。

外交部还是澳大利亚对外谈判的主要行政部门，在经贸方面，澳大利亚与各国签订的 FTA 协定，其谈判工作均由该部门的自由贸易协定司完成。该部门对亚洲的自由贸易政策一直是积极的倡导者。

一般情况下，外交部的事务官都是由总督听取总理意见后指派。因此，总理享有外交部重要文官的人事任命权。他可以通过任用和自己政见相近的人，以确保在外交事务中从高级文官到内阁部长都是"自己人"。从历史传统看，澳大利亚总理会因为其外长与自己政见不合而将其撤换。早在20世纪70年代，当时澳大利亚的外交政策依然是坚持不与中国建交，但由于尼克松突然访华，总理麦克马洪作对华外交的准备，而当时的外长莱斯利·布里（Leslie Bury）却极力主张澳大利亚不要紧跟美

---

① DFAT, http://dfat.gov.au/about-us/department/Pages/what-we-do.aspx，上网日期：2016年11月3日。

② 澳大利亚的外交部部长是内阁部长。

国步伐，很快，麦克马洪将该外长撤职。这样的任用制度，一方面确保了总理的外交理念能够很好地贯彻，另一方面也导致总理的权力过大。同时，因为外交部部长的任命在很多时候往往不是基于外交经验和才干，而是根据总理组阁时对各方面利益权衡定下的人选，遂使得高级文官在澳大利亚的亚太政策中有了举足轻重的影响力，例如，曾任霍华德政府外交部部长的亚历山大·唐纳，与陆克文是同辈，但唐纳的外交经验并不多，他唯一的海外任职是在布鲁塞尔，那之后，他担任了南澳高级外交代表，这是他在外交部的巅峰成就。1982 年他离开外交部，担任迈尔克姆·弗莱泽的政治策划人，协助他进行下一年大选。大选中迈尔克姆·弗莱泽输给了工党领袖鲍勃·霍克（Bob Hawke）。1984 年，唐纳在南澳自由党的一个安全席位当上国会议员，并最终被任命为外交部部长[①]。因此，类似这样外交经验并不丰富的外交部部长，往往会非常倚仗外交部的事务官（secretary）。

### 四　亚太政策涉及的职能部门及部门利益

亚太政策在性质上属于外交政策，但又不同于传统意义上的外交政策。传统的外交政策主要涉及外交部、国防部等，但澳大利亚的亚太政策从一开始就与经济、文化政策息息相关，因而涉及国库部（Treasury）、农业部（Agriculture）、贸易与投资部（Trade and Investment）等职能部门。随着二战后澳大利亚与亚太地区关系的深入发展，亚太政策进一步涉及几乎所有原来属于国内公共政策的部门，如环境部、就业部、能源部、内务部。

澳大利亚融入亚洲，为政府各职能部门所提供的机遇是不相同的。一些政府部门的重要性因此得到提高，另外一些部门的权力可能受到削弱。例如，在 FTA 谈判期间，主管 FTA 谈判的部门是 DFAT，而谈判的内容却涉及多个职能部。在农产品的关税问题上涉及农业部（Department of Agriculture and Water Resources），在中国对澳投资方面涉及贸易与投资部（Department of Trade and Investment）。

---

① ［澳］罗伯特·麦克林：《陆克文传》，毕熙燕译，福建教育出版社 2008 年版，第 77 页。

一般而言，卷入亚太事务越多的部门，越有可能对亚太地区持有比较强烈的"融入"态度，原因可能是因为了解得越多，越能够接受亚太地区在澳大利亚国家总体政策中的重要性；也有可能是为了部门利益的扩张。与亚太事务有关的官员，很多都是"亲亚派"。例如，曾任澳大利亚驻华大使的孙安芳（Frances Adamason），对中澳 FTA 的态度非常积极。2015 年，她在中澳签订 FTA 意向协定以后说："FTA 的签订，将两国的经贸关系提升到了新的高度，并且将提高生产力，提升澳大利亚人民的生活质量。"①

## 第二节　亚太政策制定系统中的内阁

1911 年，澳大利亚建立了第一个内阁，伊始，是由总理选择内阁成员，后经过改革，内阁必须由通过选举产生的议员组成。经过几代人的努力，内阁的组阁任命权已基本掌握在总理手中。因此，澳大利亚的行政大权实际上是掌握在联邦总理和内阁手中。

### 一　内阁与联邦行政会议的关系

澳大利亚的宪法并未提及内阁，根据《澳大利亚宪法》第 62 条，最高行政机关是联邦行政会议（Federal Executive Council），② 内阁只是"约定俗成"而存在的机构。但在实际上，内阁却成为澳大利亚的最高行政机关。

联邦行政会议的地位，大约等同于其他英联邦国家的行政会议，以及英国和加拿大的枢密院。联邦行政会议由澳大利亚总督主持，理论上是为总督施政提供"建议"的机构。但实际上，除了极少数例外情况外，总督必须依照联邦行政会议的建议行事。澳联邦行政会议只是一个纯形

---

① Australian Embassy China, Statement at announcement of conclusion of FTA negotiations, 2019 年 8 月 15 日。http: //china. embassy. gov. au/bjng/HOMstatement. html, 上网日期：2019 年 8 月 21 日。

② 第 64 条规定所有国务部长（包括部长和政务次长）都是联邦行政会议成员。行政会议成员任命为终身制，但一般开会时只有现任部长会参加。

式的宪政实体，是名义上的联邦最高行政机构。它只拥有下列职权：1. 给予联邦政府内阁所通过的决议和任命以法律效力；2. 接受官员的辞职；3. 发布公告和规章制度，签署正式文件。而有关联邦政府的政策和规划，都是在内阁中最终制定出来的。

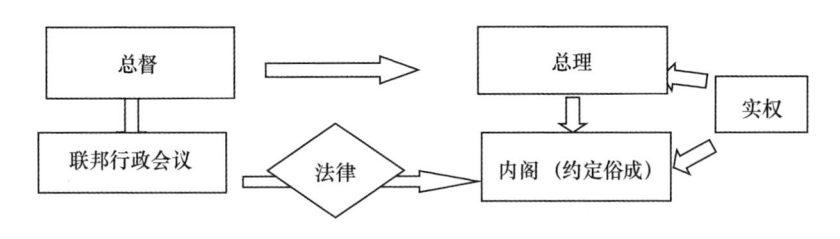

**图3—1 澳大利亚内阁与联邦行政会议的关系**

所以，在实际操作中，联邦行政会议一般由其头衔为行政会议辅助的部长主持，会议的功能纯粹是认可内阁的决定并给予其法律效力。内阁的具体事务，则由联邦政府的专门办事机构——总理与内阁府处理。[①]

澳大利亚内阁是由政府高级部长组成的会议，内阁成员无固定任期，每周举行一次非公开会议，讨论重要问题并决定政府政策。并不是每一位澳大利亚职能部的部长都是内阁成员，有一些未进入内阁的部长，负责较具体的政策事务并受内阁部长领导，他们要向内阁相关部长汇报工作。自从这种两层式内阁被确认以来，内阁会议一般只有内阁部长参加，现在共有30个内阁部长。其他部长只有在其负责部门的议题被列入议程时，才会被邀请参会。内阁会议一般由总理主持，有一名高级文官在场做会议记录。

虽然内阁的决议需经过联邦行政会议的审批才能具有效力，但由于内阁成员都是联邦行政议会的成员，因此一般情况下，联邦行政会议都会认可内阁的决定。同时，由于内阁成员必须是议会议员，而且多半是众议院议员，因此，在通常情况下，内阁不仅控制着议会总的会议议程，

---

① Gareth Evans and Bruce Grant, *Australia's Foreign Relations in the World of the 1990s*, Melbourne: Melbourne University Press 1992.

而且也控制着议会议事的全过程,由此可见,内阁在政策制定和执行过程中的作用举足轻重。

## 二 责任内阁制的要求及其演变

澳大利亚遵行威斯敏斯特政治制度,责任内阁制是其特色,其基本原则之一是,内阁全体成员对政府事务集体负责。这一原则应用到政策制定过程中就要求:第一,政府决策是由内阁所有成员共同做出的,而非总理一人不顾大家的意见独自做出;第二,内阁内部的意见分歧不宜对外公开,应保持内阁对外政见一致的集体形象;第三,内阁全体共同承担决策的后果,阁员与总理共进退,如果政策失败,阁员与总理一起辞职。

但是,到了20世纪六七十年代,责任内阁制已明显不能适应当时政治生态下对政府行政权力制衡的需要。二战后,福利国家在澳大利亚兴起,行政事务增多,国家规模膨胀,政府的行政职能不断扩张,行政机构的权力渗透到日常生活的方方面面,致使国家行政管理与政治民主之间的张力凸显。就行政责任保障机制而言,责任内阁制已显滞后,新的责任制度的安排设计势在必行。

澳大利亚新的行政问责制是在其国家行政改革的过程中逐渐出现的,成果主要体现在三个方面:强化部长对部委的行政领导和监督;加强议会对内阁的监督;行政法体系构建以及绩效问责。

强化部长对部委的行政领导和监督,其具体措施有二。第一,部长顾问制度化。惠特拉姆政府于1972年开启了部长顾问(ministerial advisor)的时代,其背景是为了抵制事务官对改革的推脱以协助部长推行改革项目。此后,部长顾问们的职能不断扩大,开始影响部长的决策。1984年的《议会雇员法》,对部长顾问的雇佣提供了立法依据,使这一政治实践逐步制度化。第二,强化部长对部委内高级文官的权威。1984年开始逐渐取消部委秘书的终身任职,增强部长对秘书雇佣和管理的影响力。1999年《公务员法》中规定,所有部务秘书实行合同制;部门负责人,包括部务秘书和其他行政、顾问以及法定职能部门的负责人就其法定职能向部长负责,所有部门负责人向部长提交年度报告。

加强议会对内阁的监督主要体现在议会委员会的问责机制上。20世纪60年代末是澳大利亚议会委员会发展的一个分水岭。比例代表制投票的引入，终结了内阁对参议院的控制，参议院开始积极设立委员会，对公共事务进行调查，并在1970年形成系统的委员会建制；1987年，众议院也形成了全面的委员会建制。

澳大利亚行政法体系的所有内容，都是围绕监督行政裁量权开展的。20世纪70年代以来，伴随行政国家的出现，内阁需要对越来越多的行政事务负责，一系列调整行政关系、反映行政权力行使民主化的法案随之涌现，弥补了原有的行政法体系在审查行政决定方面的缺陷，创制了审查行政决定的独特监督问责机制。

澳大利亚的绩效问责伴随着20世纪80年代公共部门中的"新公共管理运动"而逐渐衍生，通过扩大审计部门的法律授权和完善绩效管理而得以实现。内阁项目评估的正常化和系统化，也逐渐成为绩效问责的内容。

### 三　国家安全委员会与亚太政策

澳大利亚内阁制定政策的一般步骤是：相关领域的部长将提案呈给内阁其他成员，再经过严密而审慎的商讨，而商讨过程中出现的观点和结论，会成为该项政策执行的大概纲领。但是，这样的过程并不适用于外交政策的制定。首先，这些商讨大量涉及的是立法和政府预算，而大多数外交政策都不涉及立法而只是涉及立场，也不需要大量预算。此外，外交政策涉及的安全等敏感问题，也不适合在内阁范围广泛讨论。

事实上，澳大利亚外交政策很多时候是在非正式场合讨论的。例如，在霍克和基廷政府时期，比较细节的外交事务都是在部长的非正式会议中讨论，主要参与人包括总理、外长、贸易部长和国防部长。[①]为了保证外交政策制定过程的效率，澳大利亚政府在外交政策上更倾向于依赖各种各样的委员会。例如，内阁在亚太政策制定过程中的作用是通过国家

---

① Gareth Evans & Bruce Grant, *Australia's Foreign Relations in the World of the 1990s*, Melbourne: Melbourne University Press 1992, p. 45

安全委员会（National Security Committee，简称 NSC）进行协调的。同英国一样，内阁是决策的中心环节，但决定的作出是在一系列的内阁部长委员会内。内阁部长委员会根据具体政策领域而设立，由与此领域相关的部长组成。NSC 的决策结果，与全体内阁部长会议的决策具有同等效力。例如，2017 年政府的国家安全委员会由总理特恩布尔，副总理、外交部长、检察长（Attoney General）、财政部长、移民部长和内阁事务官组成。该委员会专门负责澳大利亚的对外政策，包括亚太政策。

NSC 的前身是外交事务和国防委员会（Foreign Affairs and Defense Committee），在 1996 年霍华德执政期间，该委员会经过整合、结构调整，改为 NSC，其作用较之前得到扩大。NSC 的讨论过程并不完全是正式的，由于总理在该委员会任主席，因此总理对其议事章程有很大的控制力。通常情况下，NSC 一个月召开一次会议，但遇到紧急情况时，会议召开会更频繁，如在东帝汶军事危机时，或者密集的政策制定时期。

NSC 的存在，使得澳大利亚外交政策的制定成了多个部门协调合作的过程，而非单一的某个部长或者总理能够完成。国家安全秘书委员会（SCNS）是 NSC 的行政支持，SCNS 的主席由总理和内阁办公室的事务长担任，该委员会的成员包括外交部的各位部长、国防部部长、检察长、澳大利亚军队总司令，以及澳大利亚国家分析办公室（Office of National Assessment，ONA）[①]和澳大利亚安全情报局（Australia Security Intelligence Organisation，ASIO）的总指挥官。SCNS 和 NSC 的秘书都来自内阁和总理办公室。这样的行政结构，强化了总理在外交政策上的主导作用。更为重要的是，通过强化总理内阁部官员的权力结构，放大了国内政治对外交政策的影响。总理内阁部的主要利益点和责任，是针对国内问题。

内阁和 NSC 在亚太政策的制定过程中所决策的只是一小部分，其中大多数决策是针对政策的战略层面。但是，当内阁介入某个层面时，他们的影响往往是决定性的。

---

① ONA 是澳大利亚的情报机构，该情报机构直接向总理汇报工作，是总理内阁部下辖的情报机构。

## 第三节 亚太政策制定系统中的议会

作为英联邦的重要成员国，澳大利亚继承了英国政治制度最突出的特点，也就是"议会至上"。然而，如果把内阁看成议会的一部分（内阁成员通常都是下议院议员），这样的结论尚可接受；但如果把内阁和下议院分开来看，所谓"议会至上"其实在某种程度上夸大了议会的作用。至少在澳大利亚亚太政策制定的过程中，议会的作用相当有限。例如，美国国会在外交政策的制定过程中的角色非常重要，对外宣战、委派外交代表，以及与他国缔结条约，都需要参议院正式投票决定，参议院和众议院制定和限定行政部门在外交政策制定过程中的权力。这些重要而又正式的权力，澳大利亚议会都不享有。立法程序在澳大利亚外交政策的制定和执行中也很少出现。[1]

### 一 参议院的外交、国防、贸易常务委员会和条约联合委员会

澳大利亚议会设有两个与亚太事务相关的委员会，其中参议院的外交、国防、贸易常务委员会（Joint Standing Committee on Foreign Affairs, Defence and Trade, JFADT）是议会处理对外政策的主要委员会，成立于1952年。目前，该委员会由六名参议员组成，他们同议会一起换届，当下一届议会上任时，他们的任期就结束。该委员会又分为立法委员会（Legislation Committee）和审查委员会（References Committee）。立法委员会负责审查各项政策的政府预算以及能否列入预算范围之内；审查委员会是对具体问题进行审查。

另外一个是条约联合委员会（Joint Committes on Treaties, JCT），该委员会根据各项报告，例如国家利益分析报告，来评估澳大利亚与各国缔结的条约。例如，中澳FTA意向协定签订后，提交议会审核，议会将该问题移交条约联合委员会，该委员针对该问题举行包括公共听证会等听证程序，

---

[1] Brian, L. Hocking, "Parliament, Paliamentarians, and Foreign Affairs", *Australian Outlook*, Vol. 30, No. 2, 1975, p. 301.

并要求政府相关部门提交报告，在综合以上信息后给出意见。

从历史上来看，这些委员会对亚太政策具体内容的影响是比较小的。虽然政府积极响应要求提交相关报告，但从实质来看，委员会的意见很少会影响亚太政策的具体内容。根据2001年针对澳大利亚DFAT员工做的一项调查，92.9%的参与者认为，议会的JFADT对外交政策的影响是最小的；与之相对的是，总理、外交贸易部部长、大使、部长幕僚，以及外交部的政务官们，对外交政策的影响很大。①

## 二 议会作用的限度

澳大利亚尊崇议会主权至上，在理论上和机制上议会都享有制约和限制政府决策的权力。议会对政府的监督和控制作用，通过议会委员会、辩论、质询三种方式进行。其中被称为"议会王冠上一颗宝石"的议会质询，被认为是一种监督政府相当有效的武器。任何政府的法案，在生效之前都必须经过两院的同意，任何议员都可以就相关问题在参议院或者众议院的会议上提出质疑。但在议会的辩论中，很少出现与外交政策相关的议题。偶尔出现也是因其同国内问题紧密相关。根据澳大利亚学者米勒的观察："在议会上辩论外交事务更像是一个'固定套路'，目的不是解决实际问题，而是将一些抽象的概念和理念宣读出来。"②因此，从历史传统来讲，亚太政策在议会中获得的关注度其实较低。

除了辩论时间，外交事务的讨论有时也会出现在议会的质询时间，外交部长会直接接受影子外交部长、媒体和"后座议员"的质询。一般情况下，为了部长能够更有准备地面对质询，部长办公室会提前预判质询者，并且作好相应的准备。除了议会的正式辩论和质询外，议会还通过三个委员会对亚太政策的制定施加一定程度的影响。

然而，尽管议会中存在影响外交事务的机制，却并不意味着它能够

---

① Gynell & Wesley, *Making Australian Foreign Policy* (2$^{nd}$ Ed), Cambridge University Press, 2007, p. 82.

② J. D. B. Miller, "The Role of the Australian Parliament in Foreign Affairs", *Paliamentarian*, Vol. 50, No. 1, January 1969, p. 3.

对政府的政策进行强有力的审查。这是由体制上政府与议会的关系决定的。在工作程序上，议会关于亚太政策制定的一切行为，都依赖于政府所提供的信息；议会中的相关委员会，对亚太政策进行审查前须依赖政府提供的文件原件。休会期间，文件的传递工作往往会中断，且政府的各部部长有时故意不把可能引起争论的文件呈递给议会，以此减少议会的阻力。通过控制议会的信息来源，议会辩论的基调在很大程度上也能够被政府左右。而且，澳大利亚三分之二的部长都是众议院的成员，因此，一般情况下，同时期的政府成为较典型的"封闭型政府"。

政府在政策制定过程中可以依靠文官或外界的政策顾问，这也意味着议会审查效果有限。最重要的是，政府对议会有着非常强大的影响力。通过控制议会党团，政府往往能够控制议会的表决结果，尤其是当执政党拥有议会的绝对多数时。此外，议会政策审查委员会的主席必定是由执政党的人担任，作为主席，他手中握有绝对票（casting vote）；当委员会内部出现分歧、无法达成一致时，主席手中的绝对票就有了决定性的作用。因此，审查委员会的结果大多数时候是同政府决策一致的。基于此，议会在澳大利亚太政策的制定过程中，除了审查、建议之外，最重要的表决权失去了实际意义。也就无怪乎澳大利亚的议会经常被人们戏称为内阁政府的"橡皮图章"。

通过分析议会在外交政策包括亚太政策上的处理程序，可看出议会在政策制定上的作用是很有限的。议会难以进行有效审查的部分原因，与议会审查工作自身所存问题有关。其对外交事务缺乏关注是一个方面，更重要的原因或许在于，议员本身也意识到自己的工作对外交政策的进程产生不了实质影响。可以用米勒的一段话来贴切地总结议会在外交政策包括亚太政策中的作用："如果一位议员热衷于外交事务，他就会知道他在这方面的努力工作不会给他带来任何选举优势，甚至可能给他带来劣势，因为那些同意他观点的人不会太在意他，而那些不同意他观点的人则会记住他。"[1]

---

[1] J. D. B. Miller, "The Role of the Australian Parliament in Foreign Affairs", *Paliamentarian*, Vol. 50, No. 1, January 1969, p. 3.

由于本身作用的限制、缺少宪法赋予的正式权力还有动力，议会在传统外交政策中扮演的角色很难在短期内出现大的变化。但是，随着澳亚经贸关系的深入，亚太政策覆盖的内容越来越多，牵涉的部门越来越多，尤其是澳大利亚同多国签订FTA，议会在亚太政策中的影响正在逐渐增大。澳大利亚与其他国家签订FTA时往往会涉及每一个与出口有关的行业，而澳大利亚的农业、服务业都是出口大户，并且这些行业都有各自的利益集团，并且在议会中有自己的"代言人"，因此，议会当中关于亚太政策，尤其是涉及经贸方面的政策逐渐受到更多关注，议会在亚太政策制定过程中扮演的角色，有可能会愈加重要。

## 第四节 亚太政策制定系统中的总理

在以上亚太政策制定的复杂过程中，总理的位置看似不突出，除了作为内阁和相关理事会的实际参与者外，在其他政策环节中并没有出现总理。但实际上，各个环节的作用能否得以顺利发挥，很大程度上都取决于总理的影响力。在分析文官、内阁和议会在澳大利亚亚太政策制定过程中的作用时，可以发现一个共同点，即各种机制作用的发挥相当程度上与总理脱离不了干系。总理可以通过重要文官职位的任命，内阁的重新洗牌以及对政府职能部门的机构改革，或者通过在政策过程中回避有关职能部门监督等手段，达到决策权从各个环节向总理个人集中的目标。

从法理角度来看，在澳大利亚宪法关于中央政府的设置中，总督才是最高首脑，他由英国国王（或女王）根据澳大利亚联邦各部长们的意见和建议任命产生，同时也可以依据各部长们的建议被免除职务。澳大利亚联邦宪法，并没有对澳大利亚总理的职务与权力进行明确规定，事实上，对"总理"这一职务名称都没有做过半点论述。

澳大利亚总理一职英语称为"Prime Minister"，prime意味首要的，minister即为部长，因此，传统翻译所称的总理，事实上也能够被称为首相，意即第一部长或首席大臣，这与其他英联邦国家的总理和首相并没有区别。但是，因为澳大利亚属于英联邦国家，其理论上的最高元首应该是英国国王（或女王），总督是代理国王的职责，而总理又是总督的代理，这与通常意义上其他国家的总理概念有所不同。因此，中文一般将其译为"总理"，而不是"首相"。

正如"总理"一词所显示的，从宪法条文进行追溯，可发现澳大利亚总理的权力来源于总督，其法理依据是《宪法》第 64 条，即总督任命部长（或大臣 Ministers of the Crown）的权力。因为总理本人就是"第一大臣"。因此，该条款也意味着总督有任命总理的权力。《宪法》第 64 条同时规定，总理和其他部长的任期由总督裁夺。但由于秉持英国惯例法的传统，总督一般会遵循总理的建议；而总督的任命，一般也是由总理向君主直接提名。英国君主自 20 世纪 30 年代确认英帝国自治领地的独立地位以来，一直尊重澳大利亚总理的提名，并据此任命总督。

总而言之，总督是澳大利亚宪法性的首脑，在政治运行过程中却居于虚位，真正的权力由总理领导下的联邦行政委员会，也就是内阁行使。按照威斯敏斯特体系的惯例，总理由下院选举产生，是下院中占多数席位的政党领袖，也因此一般由下院中多数党的党魁担任。总理最重要的权力之一是内阁成员的人事任命权。在澳大利亚，总理有权委任各部部长组成内阁，并由内阁集体对众议院负责；只要得到众议院的信任，内阁成员便可继续履职。

内阁是澳大利亚政府的最高决策机构，总理则是国家的最高行政领导者。澳大利亚总理和内阁的权利与职责，是在漫长的历史过程中逐渐形成的，也是在与议会的博弈过程中逐渐产生并获得认可的。

## 一 总理的权力和职责

组阁、任命内阁成员是总理的一大权力，总理有权安排各部部长的人选，并且挑选任命其内阁成员。当部长在工作上不称职或者在相关重大问题上不能与总理达成共识时，总理有权将其罢免。内阁与政府负责向总理提供对政府各部门的政策及工作评价，以便总理领导并监督各部工作。各部门提交下议院讨论的议案必须先由总理审阅，各部制定的政策亦须经他同意才能实施。因此，总理在外交政策上有很大的决定权。同样，对亚太政策的走向也起着关键作用。可以说，在外交和军事方面，总理处于主要的支配地位，享有外交承认权、缔结条约权和对外宣战的权力。

除此之外，总理还享有一定的立法倡议权，总理倡导的立法会获得议会的高度重视，并享有优先被讨论的待遇。此外，总理还可以要求在有利于其政党利益的时候，解散议会并提前进行大选。因此，在外交政策方面，澳大利亚总理的决策权非常大，澳大利亚学者认为澳大利亚外交政策的基调和方向的确定是"自上而下"（set from the top）的。[①] 帕特里克韦勒认为，澳大利亚总理主宰着外交政策。[②]

总理在外交政策的核心角色，在政府建立的初期已经确立。20世纪初期，外交部长的职位都由总理担任。在1940年代后期，伊瓦特还曾因为其激进的表现被反对党指责，认为他挑战总理在外交政策方面的主导权，因此也挑战了澳大利亚政治文化中约定俗成的规则。[③] 在改良的威斯敏斯特体系，总理在许多政策上都享有比较宽松的权力，在外交政策方面更是如此。

澳大利亚学界认为，澳大利亚总理的权力已经逐渐超过内阁和议会，但总理的权力依然受到约束。例如，在"组阁"方面，总理并不能随心所欲地安排人选，他需要顾及候选人的才能和经验，还必须平衡各州之间的利益；如果是联盟政府，还须同时考虑自由党和国民党两党的人选。而在重大的决策上，内阁的牵制和制约也是存在的，同时存在的还有下议院和议会党团对总理权力的牵制——毕竟，总理必须获得所在党的支持，才能维持自己的领导地位。

## 二 总理在亚太政策制定过程中的角色

由于澳大利亚的政体以及总理所具备的巨大权力，澳大利亚每一届

---

[①] Gynell & Wesley, *Making Australian Foreign Policy* (2$^{nd}$ Ed), Cambridge University Press, 2007, p. 85.

[②] Weller, P., 1989, *Malcolm Fraser PM*, Ringwood: Penguin, p. 313.

[③] Lowe, D., "Divining a Labor Line: Conservative Constructions of Labor's Foreign Policy, 1944 – 49", in David Lee and Christopher Waters (eds), *Evatt to Evans: The labor Tradition in Australian Foreign Policy*, Sydney: Allen & Unwin, 1997, p. 70.

总理都会有机会执行自己独立的亚太政策和对华政策。澳大利亚历任总理的对华政策，既有亲华的，也有对华表示谨慎和防备态度的，但是他们的亚太政策和对华政策并不是完全孤立的，而是有所延续，一般情况下都有"传承"的。

首先，澳大利亚总理的亚太政策往往会参考其党派的前任总理的政策，并且从前任的政策中汲取经验。例如，托尼·阿博特的政策是紧随其导师和前任自由党政治领袖霍华德的。而两届政府首脑如果来自不同政党，其亚太政策和对华政策往往会有所调整。例如，作为联盟党总理的霍华德，其亚太政策和之前工党的亚太政策就有明显区别。在工党执政时期，其亚太政策的核心是"融入亚洲"，从各方面向亚洲靠近；但联盟政府则认为，澳大利亚属于亚太地区，与美国、加拿大更为亲近。

除了参考前任领导人的政策外，由于局势的不断变化，现任总理的外交政策也会同其委任的外交部长以及高级文官在制定政策的过程中共同商议。每位总理的决策信息来源于不同的渠道，例如，陆克文总理对澳国内学术圈相当倚重，非常重视科研机构对中国的研究。在其任职期间，澳大利亚国立大学的科研机构——"中国在世界中心"（China in the World Centre，CIW）获得了一大笔联邦拨款，使澳大利亚国立大学在其本身已有亚太学院和中国研究中心的基础上，再建了一个新的专注研究中国的中心。[①]

如前所述，澳大利亚总理在外交政策上，相比在国内政策上有更大的权力空间，其亚太政策甚至不一定要与政府保持一致。例如，霍华德总理上台时，他对亚洲的态度是"均衡外交"，除了在经济上与亚洲保持紧密性以外，还强调一定要保护澳大利亚的独立性，虽然当时在澳大利亚政府的官方文件中依然会提及"融入亚洲"等字眼，但霍华德在自己的讲话中却总是尽量避开这样的措辞。

---

[①] 《习近平出席向澳大利亚大学中华全球研究中心赠书仪式》，中华广播网，http://china.cnr.cn/gdgg/201006/t20100622_506615516.html，上网日期：2017年1月18日。

### 三 澳大利亚总理亚太政策制定的影响因素

(一) 民众的影响

在澳大利亚总理考虑亚太政策时，最大的影响因素是本国民众的态度。民众对其亚太政策的认可才是总理能否带领其政府连任的关键。澳大利亚民众对亚太政策的关注，与其说是对政策本身的关注，不如说是对政策对当地经济影响的关注，这也正是澳大利亚人民的切身利益所在。

在霍华德总理上台初期，作为一位保守主义的自由党总理，他的对华政策是强硬的，在人权和台海问题上都与美国保持高度一致，这使得他上台初期的中澳关系十分紧张，导致中澳经贸关系受到影响，使澳大利亚民众对其外交能力和对外政策产生怀疑。在这种情况下，霍华德被迫调整对华政策，通过 APEC 会议向中国领导人示好，并在第二年访问中国，且在许多之前有分歧的问题上与中国保持一致。例如，在台湾问题上，澳大利亚从紧随美国脚步变成了保持审慎态度。由于中澳关系在霍华德的努力下得到空前发展，在接下来的总理竞选中，霍华德频频将中澳关系的成果作为主要政绩。也正因为良好的中澳关系下的经贸关系为澳大利亚人民带来了切身利益，霍华德总理才能三次打败竞争对手，赢得连任。[1]

除了普通民众的态度之外，内阁成员的态度也是左右澳大利亚总理对华政策的因素之一。惠特拉姆总理执政前，正是多个西方国家与中国建交的密集时期，加拿大、意大利等国都先后和中国建交，澳大利亚政府也在 1970 年初获知美国的对华政策正在悄悄发生改变，澳大利亚担心被美国抛在身后，也进行了一些与中国建交的努力，例如，派澳驻法大使与中国驻法大使进行接触。但在当时，支持修复对华关系的观点对选举是不利的，因此，当时的澳大利亚总理对惠特拉姆[2]访华表示不满。1971 年 12 月，他声称惠特拉姆执行了一项"对澳大利亚来说是危险的"

---

[1] 杨明星：《透视澳大利亚霍华德政府对华政策及其走向》，《国际论坛》2005 年第 2 期，第 34—38 页。

[2] 惠特拉姆当时是反对党党魁，在中澳正式建交前，曾带领代表团访问中国。

政策,是"速溶咖啡外交"。麦克马洪时期"对华外交"的敌对态度,也有很大一部分原因源于"内阁的敌对",[①] 由于内阁成员对华政策不一,麦克马洪撤掉了主张调整对华政策的外长。

（二）总理在党内决策中的位置

澳大利亚总理在党内的位置取决于其自身的执政基础,因此他们的表现因人而异。例如,孟席斯是一位在澳大利亚政坛享有极其稳固地位的总理,甚至有学者称其统治的时段为"孟席斯王朝"。由于他本身是一位坚定的"欧美至上"主义者,他在澳大利亚的亚洲政策上一直采取回避态度。虽然其外长曾多次建议他改变亲欧美、疏亚洲的对外政策,但由于其执政的牢固,他的外交理念也一直得以贯彻,包括澳大利亚追随美国参与越南战争,迟迟不与中国建交等。

反之,陆克文总理在其任期内执政基础非常薄弱,他的党内权威性一直受到工党内保守派的挑战,尤其是他的副手和搭档朱莉·吉拉德。澳大利亚工党内派系繁杂,从极右的澳大利亚工人工会组织,到西澳和南澳的所谓"商店人员",再到塔斯马尼亚的中间/独立派及"温和"与"强硬"左派。任何一位想达到金字塔尖的人,都必须获得主要派别的大力支持。陆克文还只是澳大利亚议会的后排议员时,他的老板康·施雅卡(Con Sciacca)就曾告诫过他,如果他想要在堪培拉走得更远,必须获得新州的支持:"设法了解新南威尔士州工党背后的操纵者,特别是新州的右派。除非他们觉得跟你在一起挺舒服的,否则你永远别想爬到金字塔尖上。"[②]

但是,作为领袖,总理又不能属于任何派系。因此,陆克文在其任期内一直小心维护着自己的独立形象。他不愿意被人认为是亲华总理。正是因为他刻意地维护这一形象,所以他的对华政策显得束手束脚。例如,在其第一次作为澳大利亚总理访问中国、在清华大学作演讲时,他特别提到了要做中国的"诤友",并且对中国的人权问题提出批评,使中澳关系急剧恶化。陆克文作为第一位会讲中文的西方国家首脑,却因为

---

① 张秋生等:《列国志·澳大利亚》,社会科学文献出版社2012年版,第178页。
② [澳]罗伯特·麦克林:《陆克文传》,毕熙燕译,福建教育出版社2008年版,第92页。

担心国内党派对其"亲华"的顾虑而贸然批评中国,这说明国内政党对其压力是巨大的。

**四 澳大利亚总理集权的制度空间**

在英式议会民主制度中,决策权集中在政府而非议会并不是什么新鲜事。在澳大利亚亚太政策制定系统的各个环节中,总理的高度集权特征更加明显。在政策制定系统中,各级环节的作用在很大程度上都取决于其与总理的关系。幕僚对于总理的主要作用,只是证明总理的既有政策意向。在党内,总理同样处于决策的核心。几个方面的分析结果都证明,在澳大利亚政策制定系统中,制度本身为总理集权提供了大的空间;而政策制定系统的民主程度如何,主要取决于总理对这种制度空间的利用。

那么,如何理解英式议会民主制中的这种总理集权现象呢?同是民主国家,由于政体本身的固有区别,英式民主的中央集权性质比美式民主更为突出。如果说美国总统制的三权分立只代表了西方民主的一种类型,那么英式议会民主制就并不严格符合三权分立的原则。就澳大利亚来说,澳大利亚选民只负责选举议会之众议院的议员,却不必选举总理和内阁成员。手握行政大权的总理和内阁成员,由澳大利亚众议院选举产生,而且他们本身就是议会议员。换而言之,立法机关可以决定行政机关的人选,而且行政机关的人选本身就来自立法机关。这似乎意味着行政权只是立法权的附属物。但实际上,由于澳大利亚通常由议会众议院单一多数派政党组阁,总理通常是议会众议院多数党党魁,所以总理和内阁实际上拥有议会众议院的多数支持,并能主导众议院的投票。这样一来,行政权反倒能够控制立法权。因此,总的来说,英式议会民主政治模式更多地体现为立法权与行政权两者的融合。

另外,与英国一样,澳大利亚尽管奉行司法独立原则,但其最高法官并没有实质性的审查议会立法违宪的权力,而是要服从议会主权原则。所以,英式议会民主政治模式尽管存在立法权、行政权和司法权的划分与制衡,却不符合严格的三权分立模式,这也是澳大利亚出现总理集权现象的根本原因所在。在这样一个中央集权的民主国家,政策制定过程中无疑存在着民主和集中的双重特点。以澳大利亚亚太政策制定过程为例，政策首先在文官、内阁以及议会各环节得到充分讨论，各方面的利益都有机会得到表达，这个过程是较为开放的民主过程。民主过程之后，在总理手中得到集中，并由总理做出最后决策。民主与集中、开放与封闭的关系，相当程度上取决于总理个人。

继承自英国的习惯法传统，也为总理处理与文官、内阁成员以及议会的关系提供了很大的自主空间。内阁制在英国确立之后，内阁的领导人都是由财政大臣、外交大臣或者掌玺大臣担任，只是"同辈阁员之首"。1905年，经英国国王爱德华七世批准，"首相"（Prime）的称号正式产生。而事实上，英文premier既可以被翻译为首相，也可以被翻译为总理。在秉持英式议会民主制的国家，无论首相还是总理，事实上并无区别。首相与阁员的主次关系在法律上被明确下来，但首相和其他阁员的关系限度并没有明确的条文予以规定。于是实践过程中不断出现的先例，便成为处理首相（或总理）与阁员关系的重要依据。无论是在英国还是澳大利亚，首相（总理）专权的现象并不少见。

总理在政策制定系统中的关键作用，通过英联邦移民国家所特有的政治文化而被强调。白芝浩在《英国宪法》中用"顺从"一词概括英国的政治文化，得到了社会各界的广泛认同。这种英国式顺从，不仅表现在下层或者劳动阶级支持政治权力的合法表达方式上，而且表现在政党内部党纪的严明及对党领袖的忠诚上；表现在政策决策过程中，则是对总理决策权的尊重，以及对决策结果的服从。

总而言之，决策过程中的总理集权，是澳大利亚特有政治体制和政治文化的产物。强势领导人充分利用制度提供的空间，使总理集权的程度更高。当然，民主国家的总理集权毕竟不同于专制国家的独裁领袖，后者无须对任何人负责，前者则部分受制于选民、党内后座议员以及内阁成员对他的支持程度。因此，总理专权是有限度的，虽然这种限度在法律、法规中并没有明确规定，而更多时候依赖总理在与选民、利益集团、内阁同僚的互动中去体会和把握。

如果总理过于坚持己见，并且造成不利的政策后果，总理和他的支持者之间的微妙平衡很可能会被打破，相互的信任和支持关系随即不复存在，总理的专权和任期也就走到了尽头。例如，陆克文在其任期内突然被要求重新进行党内投票，随后他的继任者朱莉·吉拉德上台。这种现象的发生，就是因为陆克文推行对矿业公司的碳税，打破了党内支持者的信任和平衡。这是总理失去党内议员和阁员的支持和信任后的必然结果，也从一个侧面印证了制度为总理专权提供的空间是有限的。但如前所述，由于总理在国内政策中所扮演的角色容易牵涉各方的核心利益，因而更易被民众、议会和内阁所掣肘，而在外交政策方面，总理专权的空间相对而言更大。

# 第 四 章

# 澳大利亚亚太政策的国内利益因素

决策者的外交决策行为受到何种国内因素的驱使？是利益还是观念？如果要在这样的两分法中寻找答案，很大可能是徒劳无功的。人和事物的双重复杂性决定了人的行动背后受到多种因素的驱动。但是，利益无疑是其中最基本、最重要的因素之一。

在国际政治层面，国家利益是外交政策的最高目标；在国内政治层面，外交政策形成的过程则是国内各种利益集团角逐的过程，亦即林布隆所言"政治的"过程。因此，研究利益与政策的关系并不是什么新鲜话题。一个奉国家利益为最高原则、有着现实主义外交传统的国家，两个主张淡化意识形态色彩、以实用主义为行动原则的政党，它们的政策在很大程度上正是以利益为出发点。虽然这些利益有时表现为国家利益，有时表现为政党利益，有时则是在利益集团驱动下的利益。

本章将从国家利益、政党利益、利益集团利益三个方面，着重分析影响澳大利亚亚太政策制定过程中的国内利益动因。

## 第一节 国家利益

是赤裸裸的国家利益还是某种道德规范应该成为外交的最高原则？就西方外交传统来看，在16世纪法国著名政治家黎塞留提出"国家至上"的概念之前，欧洲国家在有关对外政策的讨论中，往往直接援引基督教的道德律。但在"国家至上"原则代替中世纪的宗教道德观后，国家利益作为外交的最高原则被广泛接受，任何以保卫国家利益为目标的外交手段的使用，都在很大程度上具有了正当性。如此，以实力为基础，以维护国家利益为最高目标的现实主义外交开始大行其道。

20世纪第一次世界大战的残酷现实，使以美国总统威尔逊为代表的理想主义政治家对现实主义外交进行了深刻反思，他们寄希望于国际法和国际组织在国家关系中能起到维持和平的作用，许多国家签署了《凯洛格—白里安公约》，但他们的努力遭到以爱德华·卡尔为代表的现实主义理论家的批评。在卡尔看来，国际政治的现实，就是国际体系的无政府状态；国家之间存在的根本利益冲突，只能通过权力斗争解决。1948年，汉斯·摩根索在其现实主义经典著作《国际纵横策论——争强权、求和平》中进一步提出："利益是判断和指导政治行动的永恒准绳"，"政治现实主义者以强权为利益"。现实主义的国际关系理论虽然不断受到结构现实主义、新自由制度主义和建构主义的挑战，但后几种国际关系理论也都在不同程度上承认利益在国际政治行为背后的驱动作用。

虽然现实主义者强调国家利益在外交中的重要性，但他们并没有就"国家利益"这一关键概念达成共识和统一定义。罗伯特·奥斯古德认为，国家生存或自我求存是头等重要的国家利益；乔治和基欧汉认为，三种利益不可或缺：人民的生存、国家保护下的个人自由、最大限度的经济繁荣；摩根索则认为："一个政治实体本身的生存"是最低限度的国家利益，包括领土完整、政治制度以及文化传承。

在本书中，澳大利亚在亚太地区的国家利益可以从低到高划分为安全利益、经济利益和政治利益三个层次。此划分的依据是假设国家与人一样有着马斯洛①所揭示的不同的需求层次。对于国家而言，安全需要是最基本的；其次是发展经济、满足人民物质生活需求的需要；最后才是国家在国际社会中寻求尊重和自我实现的需要。

在国际政治领域，国与国之间是社会达尔文主义式的倚强凌弱、适者生存，还是存在国家之间利益的和谐？是你死我活的零和博弈，还是可能存在理性的共赢？现实主义者和理想主义者会给出截然相反的答案。

---

① 马斯洛在《人的动机理论》中把人的需求分为五个层次，其中最底层的需求为维持生存，往上依次是安全需要、自我发展的需要、尊重的需要和最高层的自我需要。

20世纪初，欧洲和美国的自由主义思想传播到澳大利亚，社会精英开始用新的眼光审视世界秩序，这其中的一部分人创立了《圆桌会议》[①]杂志，旨在促进国家关系的建构从"丛林法则"向"有政府状态"转变。澳大利亚的自由主义者和国际主义者清晰地认识到，澳大利亚的国家利益将会在一个更有秩序的国际体系中得到保障；只有在一个有"议会性质"的组织中，澳大利亚在国际事务中的声音才能够起更大作用。第二次世界大战后，澳大利亚积极加入联合国的组建，并且积极投身到联合国宪章的撰写过程中，这其中，时任澳大利亚外长的伊瓦特功不可没，他也是联合国的积极倡导者，认为澳大利亚应该通过积极地参加多边组织来确保其安全利益和国家利益，他不仅代表澳大利亚参加了联合国宪章的制定，还是联合国巴勒斯坦委员会的主席，并且支持了印度尼西亚的独立。[②]伊瓦特在联合国宪章的撰写过程中认为，大国是国际多边组织的主要参与者，但是中小国家也需要在国际多边组织的建立中争取自己的利益，他指出："澳大利亚人民已经形成了自己的观点和理念，我们有自己的切身利益，例如安全、国家的发展，还有社会和经济发展的保持，因此，我们需要通过抱着国际合作的理念来采取积极的措施。"[③]

总体而言，澳大利亚对本国利益的关注点包括安全利益、经济利益和政治利益。

## 一 国家安全利益

对于澳大利亚而言，国家安全利益首先表现为生存利益。澳大利亚是一个四面环海的岛国，陆地面积约763万平方公里，地形平坦，而人口只有2600多万，所以澳大利亚始终认为，澳大利亚没有在陆地上防御和阻击敌人的能力，必须将潜在的敌人和威胁消灭在海洋上。

作为一个事实上的海洋国家，澳大利亚安全利益的核心是海上安全。在第二次世界大战以前，澳大利亚一直依赖英国海军作为其在南印度洋和

---

① 英文原名为"Roundtable"。
② [澳]罗伯特·麦克林：《陆克文传》，毕熙燕译，福建教育出版社2008年版。
③ H. V. Evatt, *Foreign Policy of Australia: Speeches*, Sydney: Angus and Robertson Ltd., 1945, p. 178.

太平洋的主要安全保障。随着英国实力的减弱、无法完成这一任务，澳大利亚逐渐将安全利益的重心转移至澳美同盟、区域防务体系和自身海军的建设。对澳大利亚而言，最为重要的安全利益是保障本土不受外来势力的威胁和确保维系与外部世界的经贸联系之路的安全，发挥其作为区域性中等强国（Middle Power）的作用。虽然近年来澳大利亚安全战略的自主性有所增强，但从 2013 年公布的国防白皮书来看，其国家安全战略仍然是"有限自主"，带有浓厚的依附性色彩，澳美关系仍是澳安全战略的基石。① 事实上，这种"有限自主"也是澳大利亚安全战略的传统：澳大利亚在建国后至 20 世纪前半期，将自身防务交付给大英帝国；二战后，又转而采取澳美同盟的形式依附于美国，同时拉拢地区国家筹划安全联防。

与中国学界一些人认为澳大利亚国内重点关注所谓"中国威胁"的论点不同，就当前的情况来看，澳大利亚民众普遍认为印度尼西亚才是本国安全的主要威胁。澳国立大学的调查显示，澳大利亚民众大多不认为中国是澳大利亚的安全威胁。澳大利亚对中国安全上的防范，更多是来源于澳美同盟的压力，而非内部选民的驱动。从 1996 年到 2013 年，澳大利亚选民在关于澳大利亚受到外来攻击时能够保卫自己的态度上呈缓慢上升的趋势，但即使是在 2013 年，也只有 28% 的澳大利亚民众认为澳大利亚拥有自卫能力。（见图 4—1）

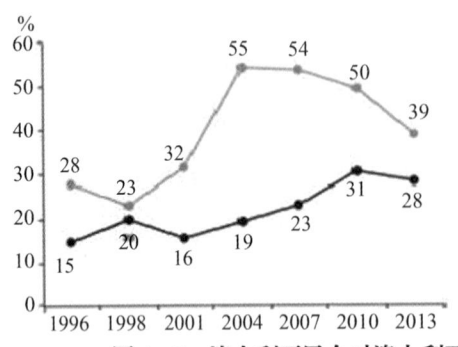

图 4—1　澳大利亚民众对澳大利亚国防力量的态度②

---

① Department of Defence, Australian Government: Defence Paper 2013, Australia's International Defence Engagement, p. 55.

② I. McAlisster & Canmeron, S. M., Trends in Australian Political Opinion: Results from the Australian Election Study 1987 – 2013, ANU.

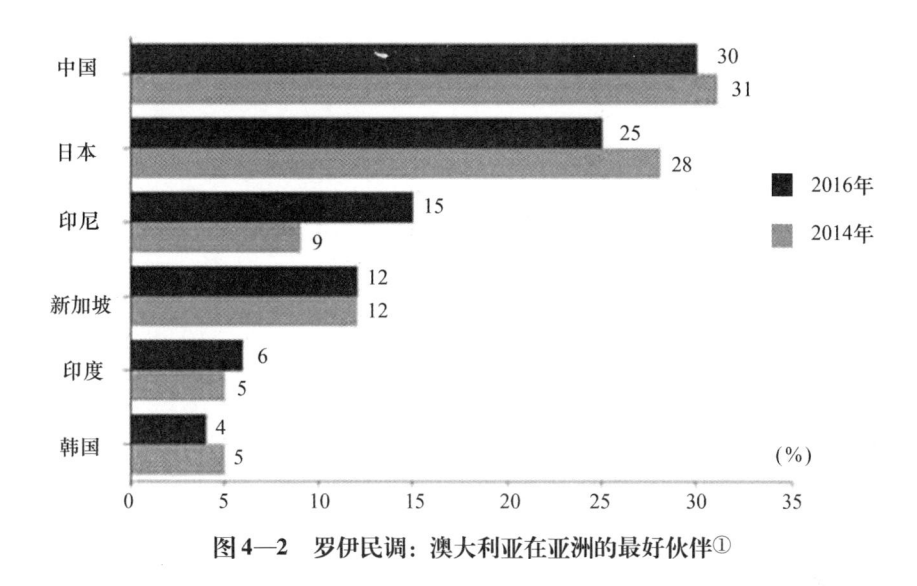

图 4—2　罗伊民调：澳大利亚在亚洲的最好伙伴①

从澳大利亚著名智库罗伊中心所做的民调中可以看出（如图 4—2），澳大利亚民众对中国的友好程度高于对日本；同样的，虽然日本是美日澳同盟的一部分，但澳大利亚民众并未认为"朋友的朋友也是朋友"。换而言之，澳大利亚政治精英在国家安全方面的对华防范，主要并非来源于其国内选民的态度，而是更多受到主要盟友美国的影响。

## 二　国家经济利益

国家经济利益一直极大地影响着澳大利亚的亚太政策。二战后，澳大利亚通过"科伦坡计划"对东南亚国家进行援助，表面看是为了促进亚洲国家的发展，但本质上却是从澳大利亚自身的经济利益出发，希望利用"科伦坡计划"作为加强与东南亚国家商业关系的手段。澳大利亚当时的对外事务部长麦克·布赖德指出："通过'科伦坡计划'，可开发水果市场，开发迄今为止没有开发过的市场，刺激本国经济的发展。"斯彭德也指出，"没有一个国家能离开它的地理环境……我们与东南亚的人

---

① Lowy Institute 2016 Best Friend in Asia, https：//www.lowyinstitute.org/lowyinstitutepollinteractive/china, retrieved on the 02/02/2017.

民居住在一起，这也是为了我们的商业和其他利益……最重要的是，我们可以加强和他们的联系以扶植我们的商业"。

因为澳大利亚的资源和市场有限，所以在对外交往的过程中，需要充分利用周边，尤其是东南亚国家的自然资源。以印尼为例，印尼南端与澳大利亚隔阿拉弗拉海遥望，濒临澳北端的印尼海峡是连接澳大利亚西北部与日本及中东贸易的重要通道。作为澳大利亚的北方邻国，印尼是澳大利亚通向亚洲地区的陆桥。印尼充足的自然人口资源以及扼守着欧亚通道的广大岛屿对于澳大利亚具有重大的战略利益。印尼是澳大利亚北方的战略屏障，同时也是澳大利亚重要的工业原料和战略原料的来源地和距离最近的亚洲销售市场。所以，在"科伦坡计划"中，澳大利亚对印尼的援助占了主要部分。

自20世纪APEC成立以来，亚太各国均提出过各自的一体化构想，包括"亚太自由贸易区"；以东盟各国为主要参加者的"10+X""东亚峰会""区域全面经济伙伴关系协定"（RCEP）等。澳大利亚也提出了"亚太共同体"方案。澳大利亚对于亚太一体化的各项方案都持支持态度，其主要原因在于，这些方案往往有助于推动澳大利亚与亚太各国间的经济合作。由于亚洲经济自20世纪60年代以后经历了突飞猛进的发展，澳大利亚从这些方案中能够获得切实的经济利益，因此，澳大利亚也是这些方案的积极推进者。澳大利亚是APEC的积极创始者，建立APEC的提案也是澳大利亚总理访问韩国时首先提出来的。

毫无疑问，澳大利亚的对华政策中考量较多的也是经济利益。中国目前是澳大利亚第二大外来直接投资来源国，也是澳对外贸易的主要伙伴。澳大利亚是否应该与中国签订自由贸易协定，加入中澳自贸协定后会对本国的经济产生何种影响？这些问题长期以来一直是澳大利亚政界的关注焦点。如果说自由党比工党表现出更为积极的态度的话，也是被经济因素驱动的。澳大利亚自由党在自由贸易的问题上一直持开放态度，在与工党的对抗中，它代表着自由贸易的利益。

## 第四章 澳大利亚亚太政策的国内利益因素

2015年中澳签订自贸协定后,澳大利亚的 JCOT 委员会①对该项协议出具了报告。该报告是议会委托该协会就相关问题做出的评估,对于澳大利亚议会是否同意该项协议的签署,起到了重要作用。在国家利益这一章节里,该报告的陈述如下:

> ChAFTA 将极大增强中澳两国的经济关系,为澳大利亚的出口者带来货品和服务方面更广阔的市场。澳大利亚如果不同中国签订该协定,将在国际市场竞争中处于劣势,因为其他竞争者都同中国签订了自贸协定,例如新西兰。同中国签订 FTA 后,将极大增强澳大利亚一些产业的信心,因为该协议可为澳大利亚产品提供现有市场之外的替代市场,并且为澳大利亚带来更多工作机会,尤其是在乡村地区。

在这份报告看来,澳大利亚假如未能与中国达成自贸协定,将给澳大利亚经济带来极大负面影响,反之则将获益多多。但在反对者看来,签署自贸协定也会给本国经济带来负面影响。例如,澳大利亚工会理事会②的主席 Ged Kennedy 认为,ChAFTA 的签订会使本地劳工的工作机会受到很大威胁,因为协议允许中国企业在澳大利亚投资时通过工作签证聘用海外员工,并且不需要通过劳动力市场测试③。那么澳大利亚本国劳工的工作机会将大大减少。他在报告中这样陈述道:"根据媒体的报道,该协议中的某些条款将给澳大利亚制造业带来致命的一击,摧毁我们的劳工市场,甚至威胁到澳大利亚的主权。"澳大利亚劳工党的议员 Kelvin Thompson 也认为,该协议的签订不仅在经济方面未必带来许多利益,还会将制造业置于非常不利的位置。从这种种争执中能够发现,澳大利亚

---

① JCOT 委员代表的是 Joint Committee on Treaties,是澳大利亚议会由两院共同组成的贸易审查委员会,专门负责澳的对外协定的审查。

② 澳大利亚工会理事会(Australia Council of Trade Union, ACTU)是澳大利亚最大的代表工人阶层的利益团体,其主要的作用是保障本国工人的利益。

③ 劳动力市场测试要求澳企业从海外聘请员工首先需在本国市场招聘,并且经过一系列测试证明本国劳工无法满足招聘要求,具体细则将会在第六章详述。

反对派主要担心中澳 FTA 会冲击澳大利亚的劳工市场,减少本地劳工的工作机会。澳大利亚的工党也坚持在其上任后对中澳 FTA 进行修改,以明确对本国劳工的保护。

从澳国内关于中澳 FTA 的长期争执中,可看出经济利益在澳大利亚整体国家利益中的重要地位。关于中澳 FTA 的具体内容和发展,还将在本书的第六章进行详细论述。

### 三 国家政治利益

澳大利亚的国家政治利益主要是指澳确保其自身在亚太乃至全球政治格局中的"中等强国"地位,确保其作为南太平洋核心力量的利益。

澳大利亚的地理位置对其国家定位造成了一些障碍,几乎没有国家在其所在区域面临如此大的文化差异。如果说澳大利亚对曾经的"母国"英国抱有极大的情感因而采取了某些非理性的外交政策的话,其对亚洲国家的外交政策,则是彻底的现实主义。澳大利亚对东盟国家的援助——例如科伦坡计划——更多的是出于对当时共产主义扩张的防范。同样的,随着亚洲经济的繁荣,在 20 世纪 90 年代以后,澳大利亚频繁地参与亚洲事务,除了经济利益作为动因外,政治利益也是一项重要考量。

政治上,澳大利亚试图在东南亚发挥一种地区大国即中等强国的作用,以图在该地区的相关问题上获得较大影响力。第二次世界大战以后,澳大利亚干涉印尼与东帝汶之间的纷争,其主要目的也是对同为地区大国的印尼形成制衡。在与亚洲国家的交往中,通过建立并积极参与多边组织如 APEC、"10+6"等,以期扩大在亚太地区的影响力,这也是澳大利亚的通常做法。就中澳政治交往而言,20 世纪 70 年代末和 80 年代初,澳大利亚学界乃至整个社会对亚洲以及中国的认识和评判和现在相比还有很大不同,前任总理陆克文的导师考林杰夫考特曾指出:"当时我们不怎么重视当代中国。"[1] 但随着亚洲经济的发展和中国的崛起,澳大利亚加强了对亚太地区的关注度,争取对中国形成更大的影响力。

澳大利亚深知,单凭本国国力难以在国际社会发挥足够的政治影响

---

[1] [澳]罗伯特·麦克林:《陆克文传》,毕熙燕译,福建教育出版社 2008 年版,第 70 页。

力，必须通过地区组织以扩张实力。因此，二战后澳大利亚一直积极参与和推进多边组织。从最初在巴黎会议上积极引导柬埔寨的和平进程，到如今在 APEC 中担任重要角色，澳大利亚的目标在很大程度上都是维护其在本区域内的影响力。即使在亲美欧的霍华德主政时期，澳大利亚也没有松懈同亚洲多边组织的关系。霍华德的外交观念和之前的总理有很大区别，他更倾向于双边关系，以求在"一对一"的情况下推动澳大利亚的外交工作。但是，为了不被排除在亚洲以外，霍华德同其外长一直致力于宣传一个理念，即澳大利亚在亚洲始终扮演着有建设意义和积极的角色。

另外，澳大利亚的政治利益还包括对本国主权利益的考量，国家主权是澳大利亚的重大政治利益。以中澳 FTA 的签订为例，主权争议也是澳国内反 FTA 人士的一大利器。在 FTA 的签订过程中，涉及中国企业可通过 FTA 条例带入中国工人的劳工签证问题，该条款让反对派大加利用，认为这是对国家主权的威胁。实际上，这些反 FTA 者更像是政治现实主义者，他们只是利用国家主权来作为反对的借口，其实国家主权并不是他们关注的重心。在很大程度上，他们关注的还是其本国工人的利益。换而言之，主权只是手段，深藏于其后的经济利益才是目的。

## 第二节　政党利益

政党是人们追求利益的产物，马克斯·韦伯认为，政党是个机制化的组织，其目标是确保领导人获取权力，从而使政党成员或实现其理想，或取得物质利益。不同类型的政党会侧重于不同的目标，如荫庇的政党可以是"正式地或有效地仅仅旨在为其领袖获得政权，以及让它们的班子占领行政管理机构"；[1] 等级以及阶级的政党"可能着意于和有意地为了等级或者阶级的利益"；而世界观的政党则"以具体的事业的目标或者

---

[1] ［德］马克斯·韦伯：《马克斯·韦伯社会学文集》，阎克文译，人民出版社 2010 年版，第 223 页。

以抽象的原则为取向"。如果以这一标准来区分,澳大利亚自由党更接近于"荫庇的政党",而工党则倾向于"阶级的政党"和"世界观的政党"。但无论是哪种政党,只有成为执政党才能有效实现本党的目标。

澳大利亚的政治权力主要集中在由众议院选举产生的多数党所组成的政府。在这种制度安排中,大选得胜的执政党有效地控制着国家政治决策过程,而反对党对决策过程则较难施加影响。这意味着,只有成为执政党,政党的纲领以及政党所代表的利益才有机会付诸实施。因此,对于任何一个政党而言,至高利益莫过于在大选中胜出,成为执政党或保持执政党地位。

## 一 两党政治的对抗性与政党利益

工党是澳大利亚最大的政党,其成立于1891年,历史悠久,自1940年以来,曾11次执政。现约有党员124万人,其中个人党员36000人,其余为工会集体党员。党员构成主要是各行业职员、技术工人、高级和普通公务员与自由职业者。[①]可以说,澳大利亚工党主要代表了劳动阶层的利益。

工党内部的结构严明且完整。最高权力机构是全国代表大会;党的中央领导机构是全国执行委员会,它对全国代表大会负责,由二十人组成。中央以下设两级地方组织,其中中级组织包括工党在州一级的分布,基层组织是州以下的地方支部及下属工会。澳大利亚工党在其2011年12月第四十六次代表大会通过的"国家章程"的第二条中明确提出:澳大利亚工党是民主社会主义政党,其目标是工业、生产、分配和交换的社会化,并实行至消除这些领域中的剥削及其他反社会现象所需要的程度。[②] 在关于国家资源管理方面,工党在章程的第三条中提出:为了全澳大利亚人民的利益,工党有权对澳大利亚的自然资源实行民主的、战略性的社会所有制。因此,工党在二战时期为了足够的兵力补给,也曾考虑过义务兵役制,但在各方力量的阻止下未能推行,并最终导致工党内

---

① 俞可平:《世界主要政党规章制度文献》,中央编译出版社2015年版,第13页。
② 同上书,第271页。

部的分裂。

澳大利亚自由党（Liberal Party）成立于 1944 年，其前身是 1931 年成立的澳大利亚联合党。它主要代表工商业主的利益，曾经多次执政。

与社会主义色彩浓厚的工党相比，自由党秉持自由主义信条，其章程提出，该党的宗旨是使澳大利亚民族致力于政治自由，维护人民的自由和尊严。自由党对自由主义的定义，是基于权利、自由及自我负责为中心的一套民主价值观念，它认为这些个人权利、自由和自我负责是构建强大社会的最可靠基础。自由党相信，以私有财产、自由企业及竞争性市场经济为基础的经济体制，可以提供充足的就业以促进澳大利亚的繁荣。如果竞争性的企业能提供更好的服务的话，政府就不应该干涉[1]。

不管工党还是自由党，对弱势群体都持保护态度。自由党在其联邦纲领中提出，那些无法养活自己的人，在公正、人道的社会上可以过有尊严的生活。但显然，对于保护弱者的优先性排序，两党有所不同。

然而，虽然就其宗旨而言工党更优先关注弱势群体的利益，但在实际的政策效果上，却未必如此。对此，笔者在澳大利亚时所结识的一位当地老人，曾有过精彩评论。在 2007 年大选之际，这位老太太是这样说的："虽然自由党内的一些人是眼睛长在头上的傲慢者，但他们知道如何管理一个国家的经济。工党执政时，总是有无休无止的抗议、罢工和游行；而自由党执政时，我们的工作机会要多很多。"

## 二 国内政策领域两党对立及利益之争

目前，澳大利亚在议会中最大的两个党分别是工党和联盟党，[2] 其中联盟党是自由党、国家党两党在相互争斗的漫长历史中逐渐形成的。由于自由党、国家党两党的势力都不足以与工党单独抗衡，因此两党结为联盟，约定联合执政，在联邦竞选中，也以"联盟党"的形式联手参加。当联盟党赢得大选时，自由党的党魁成为总理，国家党的党魁成为副总理。因此，本节主要对比工党和联盟党的执政特点，对自由党和国家党

---

[1] 俞可平：《世界主要政党规章制度文献》，中央编译出版社 2015 年版，第 375 页。
[2] 在议会层面，澳大利亚联盟党是由自由党和国家党组成的。

的主张和政策，不再作分别讨论。

工党、联盟党对市场经济的态度有所不同，因此它们在国内的经济政策上有着较大分歧。可以说，两党在国内政策上的对立，首先就表现在经济政策方面。联盟党鼓励市场的充分竞争，且一直致力于为中小型企业减免税收；工党则强调对低收入群体的保护，注重社会福利的增进。

两党在国内政策上的这种诸多对立，明显与选举政治相关，具有显著的利益驱动特征。由于双方的选民来自不同的社会阶层，具有不同的利益基础，导致两党在经济、政治、社会等国内政策上，支持不同的利益偏向。这种选举政治的特性，甚至辐射到政治人物的日常生活作风上。例如，澳大利亚工党来自"草根"，其主要选民源于工人阶级，工人和工会是其政治基础，所以，工党领袖往往非常重视自身定位，不愿以政治家自居。工党领袖、澳大利亚前总理朱莉·吉拉德，在其任期内一直保留了自己在墨尔本西南地区Altona的一处房子。Altona是墨尔本蓝领阶层的主要聚居区，在其任期内，朱莉·吉拉德时常回到该住处，以塑造自己"亲工人"的形象。直至其卸任，该处房产才被售卖。

### 三 亚太政策中的两党对立及利益之争

大体而言，在对外政策方面，澳大利亚的两党并不存在根本分歧，无论是工党还是联盟党，都支持澳美联盟；他们的不同意见，主要体现在具体的策略上。例如，历来亲欧美的霍华德，2006年在其任期的最后时间里依然坚持不从伊拉克撤兵，而且还对当时竞选美国总统的奥巴马提出的撤兵计划进行攻击；但同样是赞成加固与美国的联盟关系，他的竞争对手陆克文却积极主张从伊拉克战场立即撤兵。

同样，工党和联盟党虽然都支持加强与中国的经济往来，并最终就FTA的签订达成两党共识，但就具体举措而言，双方也有较大分歧。工党虽然也认同签订自由贸易协定有益于澳大利亚经济的发展，但它同时也认为，2015年10月签订的FTA意向协定会对澳大利亚的经济造成不良后果；其中允许中国企业从海外聘用劳工的条款，会对当地劳工的工作机会造成巨大影响，可能给澳大利亚的制造业造成沉重打击。

不难看出，这种具体性分歧的背后，往往都指向国内的经济利益，指向不同的利益获得者和受损者。在澳大利亚的国际关系领域，亚太关系牵涉经贸、经济利益最多。正是两党有着不同的国内政治基础，分别代表了不同的阶层利益，所以才会在亚太政策的具体环节上，呈现为不同的价值取向与政策坚持。

## 四 党内斗争

澳大利亚的主要政党通过允许本党党员在公开出版物上讨论党的政策和方针，有效缓解了党内政治紧张问题，因此在澳大利亚，当选的政治家一般不会在议会里反对自己的党。但是，任何一个政党都不可能是铁板一块，澳大利亚的政党也不例外。例如，在工党中就分为左右两派，吉拉德就是工党中的左派。这一派系的特点是，更具有浪漫和理想主义色彩，在对外政策上更注重澳大利亚的独立地位。而工党的右派则是美澳联盟传统的坚定支持者。同样，在国内政策和国外政策的其他方面，工党内部两派之间也存在分歧。

在一些情况下，党内不同派系的议员会因为对某个问题的不同态度而被重新划分派别，或滋生新的派别，或者在原本的派别内派生出新的小派别。也就是说，在有些政策上产生的分歧，不会造成党内大的派系变化；但在另一些政策上的分歧，却会对党内的派系和原本的平衡造成巨大影响，甚至表现为激烈的党内斗争。例如，在碳税收问题上，澳大利亚时任总理陆克文表态，支持该政策的贯彻和执行。但是，原来一直支持他的工党议员们却在此问题上与他有巨大分歧。随后，他们重新选边站队，并迅速与陆克文在党内的最大竞争者朱莉·吉拉德结盟，将陆克文从党魁的位置上拉下，让朱莉·吉拉德成为新任的澳大利亚总理。

政治是利益的集中体现，作为主要政治力量集结的政党，其所代表的利益是复杂的，不仅涉及阶层，而且涉及地区、行业，等等。这种利益代表的复杂性，极易在党内造成分歧甚至是斗争，使大方向看来一致的政党呈现出微妙的内部紧张局面，甚至演绎出惊心动魄的政治变脸。这种党内矛盾的复杂性，也对党派领袖人物的自由裁量权构成了一定制衡。

## 第三节 利益集团利益

利益集团和政党一样，都是民主政治中的合法组织。利益集团致力于通过政党来影响国家政策，从而保证自己的利益。这个过程在决策上被称为"利益表达和聚合"。理论上，政党应该具有利益表达的功能，但在具体的决策过程中，有关利益集团的利益能否通过某个政党进行表达、能够得到多大程度的表达，不仅与具体的政策相关，还与该国的政党制度、利益集团组成相关。

鲍姆·葛特纳教授对近60年来有关利益集团数以百计的专著和文章进行梳理后发现，关于利益集团对政治权力的影响路径、影响方式的研究尚未得出明确结论。就澳大利亚政府的亚太政策制定而言，利益集团所进行的利益表达在某种程度上也相对模糊和有限，难以进行科学的定量研究。

### 一 澳大利亚利益集团的类型

以中澳关系为主要的参照系，随着近几十年来中澳双边关系在广度和深度上的发展，澳大利亚内部已经逐渐产生出一些在对华关系上具有直接或间接利益的团体，包括政客、商人、学者及其他以某种方式与中国产生联系的群体。随着时间的推移，这些组织的成员们不仅获得了关于中国社会方方面面的专业知识，同时也培养了与中方组织及个人的联系纽带。

（一）经济性利益集团

经济性利益集团是以经济利益关系为基础建立起来的，这是澳大利亚数量最多、影响力最为广泛的利益集团，大多数在堪培拉都设有办事处，或者通过雇用代理人来代表自身利益。

由于中澳经贸关系对澳大利亚经济发展的重要性，涉及对华贸易的利益集团具有相当强大的影响力，其中典型的有：中澳工商业联合会、澳大利亚商业联合会、澳大利亚国际商业协会、澳大利亚商业雇主协会、澳大利亚工会和各类制造商协会等。其中，代表资源型产业的利益集团如澳大利亚矿业开采公司协会、澳大利亚羊毛生产者协会等，就屡次因中国在澳投资采矿和农业的问题对政府施加影响。

（二）公共利益集团

公共利益集团的目标范围非常广泛，凡是对社会具有普遍意义的公共利益问题，都可能成为公共利益集团的组织目标。作为一个高福利、高税收的国家，澳大利亚公民的政治意识较强，公共利益集团也非常发达。这类利益集团主要包括：澳大利亚绿色和平组织及各类环保组织、澳大利亚竞争和消费者协会、澳大利亚家庭协会、国家婚姻联盟等。20世纪90年代初，诸如国际特赦组织（也被称为大赦国际）、亚洲观察之类的人权组织，曾对中澳关系的正常发展造成过消极影响。

（三）知识界集团

传统智库的行为宗旨是产出不带偏向性的高质量研究成果，以向政策制定者提供不偏不倚的信息。但是在澳大利亚，一些新的研究机构则朝着有政策倾向性的方向发展。这些智库在专业化研究方面各有所长，大多建立了规范化的运行机制和评价体系，拥有规范严谨的科研流程和成熟的影响力评价体系。

就对华关系而言，除了通过研究报告等传统方式向政府建言、献策之外，它们还能通过"旋转门"等多种渠道，影响政策的制定与推行。洛伊国际政策研究所、格拉坦研究所、经济与和平研究所等，是澳大利亚智库集团的典型代表。同时，随着中国留学生的逐年增加，澳大利亚当前的三大校际联盟（八大盟校、澳大利亚科技大学联盟和澳大利亚创新研究大学联盟），也开始愈发关注澳政府的对华政策可能在文教领域产生的影响。

（四）特殊利益集团

特殊利益集团是指关注范围有限，且由特定成员组成的集团，它们往往致力于实现自身的有限利益。例如，作为一个典型的移民国家，澳大利亚的华人及其他亚太国家和地区的游说集团相当发达，美国、日本和一些东南亚国家都在澳大利亚拥有力量强大的院外游说集团。

此外，囊括了前任政府要员、商界巨头、体育明星等各界精英的少数权贵集团，其影响政府对华决策的能力也不可小视。典型代表是一些具有排他性的社交机构,如澳大利亚俱乐部、墨尔本俱乐部等。①

## 二 亚太政策制定中的利益集团

亚太政策领域澳国内利益集团影响因素在中澳关系发展过程中得到了最佳体现。由于中澳经贸关系对澳大利亚经济发展的极端重要性,涉及对华贸易的利益集团在澳大利亚的公共领域和对华交往上尤其具有强大的影响力。在很多情况下,这种影响力甚至已经不需要通过政党即可发挥作用。其中,澳大利亚中国工商业委员会(Australian China Business Council,简称澳中商会),就是利益集团直接对华交往的典型代表。

作为会员制非营利组织,澳中商会是当前澳大利亚最具声望的发展中澳经济贸易关系的利益集团。自1973年成立以来,该商会始终关注中澳关系,通过承办中澳经贸合作论坛、组织两国领导人高端对话等多种手段,增进双方的相互了解,并促进各领域的务实合作。2008年力拓铁矿石价格谈判中,中澳双方代表曾一度陷入僵局,在最为紧张敏感的时刻,澳中商会发挥了积极作用。它邀请27家中国国有企业负责人与澳方约100位首席执行官共同进行座谈,通过面对面的讨论,各项争议性问题得到有效解决,推动了谈判进程。

另外,澳中商会等经济性利益集团不仅直接开展与中国国家级别的外事活动,且同样寻求与中国地方政府发展经贸关系。2012年,澳中商会新州分会与成都市外办签署合作谅解备忘录,建立经贸合作关系,以加强信息分享,推动企业合作。

还有一些澳大利亚地方级别的经济性利益集团,也能够通过官方或非官方的渠道在中国开展活动。例如,拥有8000多家会员企业的州一级别的维多利亚商业雇主协会在南京设有事务所,以便研究中国的政策和市场,并定期与中国政府及相关企业进行交流,及时指导团体中的企业开展对华贸易。

---

① 王尘子、沈予加:《澳大利亚利益集团及其影响路径》,《四川省委党校学报》2015年第3期。

澳大利亚工会理事会（Australia Council of Trade Union，ACTU）[①]是澳大利亚最大的代表工人阶层的利益团体，其主要作用是保障澳大利亚工人的利益，其1927年成立时的宣言，就是提高澳大利亚工人的生活质量和工作质量。在澳大利亚与中国谈判FTA的过程中，ACTU一直就本国工人工作职位的保障问题对政府进行游说，[②] 由于在FTA中，有关于中国企业对澳投资时可以不通过劳动力市场测试而直接雇佣中方员工的内容，因此遭到ACTU的反对，ACTU认为这将对澳大利亚本国工人的工作机会造成巨大威胁，而澳大利亚也不会从海外投资中获得更多的工作岗位。在相关问题上，ACTU一直在对澳大利亚的联盟党和反对党工党进行游说，试图让其设立本国法，以确保本国工人的工作机会。2015年10月在FTA初步签订后，ACTU的主席在媒体上公开表示，澳大利亚工党在争取ACTU提出的议题上并没有做出足够努力。ACTU也一直在电视上播放广告，反对FTA的签订，并且在全国范围内召开讨论会，征集民众的意见和意愿。ACTU认为，如果政府没有就相关问题做好法律方面的足够保障，就不应该签订该协定。

澳大利亚工业集团（Australia Industry Group，AIG）则是澳大利亚代表企业利益的利益集团。当ACTU认为澳大利亚政府在FTA签订时对劳工就业职位的保障方面做得远远不够时，AIG则有不同看法。AIG主席Innes Willox认为，劳动力市场测试也是本地企业的额外负担。他认为，一般来讲，出现人力短缺的产业已经通过市场体现出来了，不需要再做劳动力市场测试就可以从海外直接聘用员工。因此，该协会也出资在电视上播放相关广告，澄清签订FTA并不会影响本地劳工的工作机会，以此和ACTU抗衡。

相对于国家利益、政党利益而言，利益集团的利益更具有民间色彩和非政治特性。因此，它常常更直接地表现为赤裸裸的经济利益。正因如此，在经贸利益较集中的亚太政策领域，澳大利亚的利益集团相当发

---

[①] 后文简称ACTU。
[②] Peta Donald and Dan Conifer, *China Free Trade Agreement：Unions vow to keep up fight against deal despite Labor's proposed amendments*，14 Oct 2015，http：//www.abc.net.au/news/2015－10－14/unions－vow－to－continue－fight－against－china－free－trade－deal/6852128.

达，其利益实现也更多地采用经济的、社会的方式而非政治方式，直接与亚太各国发生经济和社会联系。这种联系，反过来又构成了对国家和政党所主导的亚太政策的一种有益补充。

# 第 五 章

# 澳大利亚亚太政策的观念因素

在传统的现实主义国际关系理论当中，实力是国际关系中的"硬通货"，而国家受到道德、文化、意识形态等观念因素的影响，从而影响国际秩序的观点则在新自由制度主义和建构主义相关理论中得到了最佳阐释。在国际政治学界，越来越多的学者拒绝承认单纯的现实主义观点：外交政策只是一个国家的工具性的、理性的外交事务。当然，无论是新自由制度主义还是建构主义，都不否认利益在国际关系中的重要作用，但正如马克斯·韦伯所言："不是观念，是物质和观念上的利益直接支配着人类的行为。然而常常是观念所创造的世界印象，如同铁路岔道上的搬运工一样，决定着行动在利益驱动下运行的轨道。"观念如同"扳道工"，"决定着行动在利益驱动下运行的轨道"。[1]

1993年，戈尔茨坦和基欧汉主编的论文集《观念与外交政策》更是明确地提出在国际关系中，观念性变量与物质性变量对国家之间的合作与冲突行为起到同等的作用。新自由制度主义认为，观念通过三条路径对政策起作用：在第一条路径上，当行为者相信观念所认定的因果联系，或者相信他们所反映的规范性原则时，观念就起到了"路线图"的作用；在第二条路径上，当不存在"单一均衡"的情况下，观念充当"焦点"或者"联盟的黏合剂"，决定政策的走向；在第三条路径上，观念通过迁入"政治制度——行政机构、法律规范以及运行程序"等对政策产生影响[2]。

---

[1] Max Weber, *Essays in Sociology*, Oxford University Press, 1946, p. 280.

[2] ［美］朱迪斯·戈尔茨坦、罗伯特·基欧汉:《观念与外交政策》，刘东国、于军译，北京大学出版社2005年版，第12—17页。

20世纪90年代以来，以温特为代表的建构主义理论家进一步强调观念的作用。建构主义认为，无政府状态是国际社会成员在相互实践和交往的过程中建构起来的，换言之，国际关系本质上是观念的体现，并非不可变更的客观事实。主体间的实践活动形成共有观念，共有观念形成文化，而文化决定了行为体的身份、利益和行为。建构主义者认为，国家利益或者"国家偏好"并非如现实主义所假设的那样是"给定的"、"不容置疑的"，是国家"理性"选择基础上确认的"安全、权利和财富"，而是"由国际共享的价值和规范所塑造的"。这些观念起作用的方式有两种：第一，观念通过帮助确定立意对决策起间接作用。人们的行为受利益支配，但问题在于利益并没有统一的、恒定的标准，它会随着情况的变化对不同的人有着不同的内涵。那么如何确定立意？这时观念能够起到"扳道工""路线图""塑造偏好"的作用帮助确定利益。第二，当决策者不能根据利益作出判断时，观念上升为第一因素直接影响决策。在外交决策过程的特定情况下，例如，情势发展不明确、决策所依赖的信息不足等，决策者难以判断利益所在，这时观念上升为第一因素直接作用于决策者。更为重要的是，并非所有的决策在任何时候都是经济学所假设的"理性"的人。在非理性状态下观念对政策作用会更大，甚至有决定性的影响。

观念对外交决策的影响在澳大利亚亚太政策制定过程中有着充分的体现，这其中，坚定地维护既有国际秩序、根深蒂固的"英国情节"或不列颠价值观、看待亚太事务的多元文化主义眼光以及在很大程度上植根于意识形态的同盟观念都在涉及亚太事务的决策中施加着重要的、在一些时候甚至是决定性的影响力。

## 第一节 既有国际秩序的遵守者和维护者

### 一 作为"国际公民"的澳大利亚

澳大利亚历史学家赫得利·布尔认为，国际关系中最重要的观念（Value）是秩序。他认为，正是有了秩序和大多数国家对"明""暗"规则的遵守，所有的国家和政府才能够避免不间断的冲突和滑入混乱状态，并且能够相互往来和进行贸易。①第二次世界大战后的五十年见证了国际秩序的建立，并且在国际组织和国际条约下逐渐完善、日趋完整。从联合国的建立到海洋公约的签订，在许多国际关系专家眼中，这也是从以"强权"为主导的国际秩序到以规则为指导的国际秩序。在这样的背景下，许多澳大利亚学者认为指导澳大利亚外交政策的主要观念是"做一个国际公民"。

澳大利亚是国际联盟的创建者之一，但是，由于当时在外交事务方面高度依赖于英国，澳大利亚并不是一个完全意义上的主权国家，其在国际联盟中所扮演的角色非常被动。但是，这种状况在1945年联合国建立时出现了巨大的转变。对于联合国，澳大利亚采取了完全不同的态度：积极主动、有所作为。1944年11月，时任澳大利亚外长的伊瓦特在众议院中描述敦巴顿橡树园会议所提出的联合国蓝图时这样说道："建立联合国的提案是一个很难再去夸大其作用的提案，联合国将是新型国际秩序的原子核，其中所涉及的各种问题对我们国家的存在是非常重要的，该提案所涉及的秩序关乎生存的，也正是这些关乎生存的秩序使我们在大战中团结起来。该提案理应得到全人类的关注，必须经过审慎的考量，如果有任何需要，都应当不遗余力去修改，最后，该提案应该被全力以赴地完成。"② 7年以后，也就是1951年，联盟党外交部长凯西（R. G. Casey）在其日记中描述联合国是"最好和最后的和平的希望。但是如果联合国变成了一个高谈阔论的地方，那么它也就将随风逝去"。③

在澳大利亚的外交政策制定者眼中，当澳大利亚维护和加强国际秩序和国际法时，他们这样做的目的是维护和拓展澳大利亚的最大利益。一个由权力政治主宰的世界秩序是一个让小国和中等国家恐惧的世界秩序。相反的，如果世界秩序有国际法的保障，那么每一个国家都将拥有

---

① Hedley Bull, *The Anarchical Society: A Study of Order in World Politics*, Basingstoke: Macmillan, 1977.

② H. V. Evatt, "Ministerial Statement to the House of Representatives, 30th Nov 1944", in *Foreign Policy of Australia: Speeches*, Sydney: Augus and Robertson, 1945, p. 241.

③ T. B. Millar (ed.), *Australian Foreign Minister: The Diaries of R. G. Casey*, London: Collins, 1972, p. 55.

平等的地位和公平的机会。伊瓦特曾经这样说过:"每一个国家都应该维护和平,而中小国家更需要和平。"① 其继任者惠特拉姆更是在联合国发表演讲时这样说道:"没有任何一个国家比澳大利亚更需要实现联合国的国际目标来实现自己国家的目标,一个国家的独立依靠的是国家的相互依靠……为了实现一个更好的国际秩序,我们将联合国放在首位。"②

1991 年,澳大利亚追随美国参与海湾战争,时任总理的霍克认为澳大利亚参战的原因不是为了支持联军,而是为了支持一个健康的国际秩序体制。"我们派船前往海湾地区不是为同盟服务,而是旨在保护国际秩序,因为国际秩序对我们的安全至关重要。"③澳大利亚政府常常将联合国和区域组织视作调和崛起国对世界秩序影响的机制。

外交部长埃文斯(Gareth Evans)认为澳大利亚对国际秩序的贡献在于用自己的言行作为榜样,成为好的国际公民(International Citizenship),他认为澳大利亚应当在多边外交中的所有问题中扮演积极和具有建设意义的角色。④ 埃文斯也认为,好的国际公民形象也带来好的声望,正如约瑟夫·奈在他的著作《软实力》一书中所指出的:"当一个国家将承担好国际公民的责任认真对待时,这个国家就会得到一些直接的回报。尽管有的时候鲜明地表明立场会让我们付出代价,但是国际声望往往能够提高国际地位,并且国际声望在有的情况下能够帮助获得利益,甚至包括经济利益。"⑤

## 二 当前亚太秩序中的维护者

当前的亚太秩序在很大程度上由美国所主导,主要包括亚太经济秩序和亚太政治秩序两大方面内容。

---

① H. V. Evatt, "Ministerial Statement to the House of Representatives, 8 Sep 1944", in *Foreign Policy of Australia: Speeches*, Sydney: Augus and Robertson, 1945, p. 213.

② James Curran, *The Power of Speech: Australian Prime Ministers Defining the National Image*, Melbourne: Melbourne University Press, 2004, pp. 85 – 86.

③ Ibid., p. 186.

④ Gareth Evans and Bruce Grant, *Australia's Foreign Relations in the World of the 1990s*, Melbourne: Melbourne University Press 1992, p. 40.

⑤ Ibid., p. 35.

亚太经济秩序是世界贸易体制的一个重要组成部分。世界贸易体制建于20世纪40年代，其组织基础和法律基础是1948年起临时生效的关贸总协定；20世纪90年代，世界贸易体制进一步发展。1995年1月1日WTO建立，取代1947年关贸总协定，成为世界贸易新体制的组织基础和法律基础。亚太经济秩序要求亚太各国遵守国际规则与秩序的共同原则，尊重各项国际法规与行为准则，以和平解决争端、维持自由贸易，保障海洋、天空与互联网等公域的畅通无阻。

当前亚太安全秩序的主要特征是霸权稳定、均势与合作安全的混合。美国通过其强大的军事优势、广泛的前沿军事存在以及扩展中的"盟友＋伙伴"的安全网络，保持对地区安全的主导能力。这是地区安全秩序的首要特征。一些国家通过对内提升自己的军事实力、对外加强与他国的军事合作，来平衡他们眼中的安全威胁，如中国通过推进国防现代化和加强与俄罗斯的战略协调来抗衡美国，日本、越南通过发展军事力量以及与美国的安全合作来抗衡中国等。这是地区安全的重要特征。此外，本地区国家为了改善地区安全环境和应对共同的安全挑战，加强安全对话以增进互信，推进多边安全合作以促进共同的安全利益，这些都是地区安全秩序的新特征。

但是，亚太秩序并不是稳定不变的，而是处在不断的发展变化中：随着2008年金融危机的爆发和持续发酵，世界自由贸易体系受到了各类贸易保护主义的挑战；在新的地区政治与安全环境中，美国谋求巩固和扩大其霸权体系容易引起本地区的紧张甚至对抗，也难以解决本地区今天面临的诸多安全挑战；一些国家针对新崛起大国的均势政策有可能导致战略竞争，从而危及地区稳定；地区安全合作范围有限、力度不足，亟待加强。对于亚太秩序的变动，澳大利亚始终秉持着自身立场、坚定不移地扮演着自由贸易的推动者和安全秩序的维护者的角色。

澳大利亚是战后美国主导的亚太秩序的获益者，作为以农业、工业原料出口和贸易立国的海洋国家，战后澳大利亚的经济发展在很大程度上得益于亚洲经济，至少是亚太经济的崛起。正是看到了澳大利亚与亚太国家之间日益紧密的经济联系以及利益上的关联，澳大利亚早在20世纪80年代就积极推进亚太地区的经济合作。1989年1月，时任澳大利亚总理霍克访问韩国时首先提出了召开"亚洲及太平洋国家部长级会议"的倡议,并且于同年11月6日至7日在澳大利亚首都堪培拉召开了首次"亚洲及太平洋国家部长级会议",奠定了后来机制化的"亚太经济合作组织"(APEC)的基础。

在APEC中,澳大利亚始终扮演着贸易自由化和投资便利化的积极推动者的角色,并且还积极地参与APEC大区域合作中各种次区域合作机制,唯恐被排除在任何紧密型的次区域合作机制之外。到目前为止,澳大利亚已经与其主要贸易伙伴签署了8个自由贸易协定(FTA),包括澳大利亚—东盟—新西兰FTA、澳大利亚—智利FTA、澳大利亚—新西兰紧密伙伴关系协定、澳大利亚—美国FTA、澳大利亚—马来西亚FTA、澳大利亚—新加坡FTA以及澳大利亚—泰国FTA、澳大利亚—中国FTA。此外,澳大利亚还正在与日本、韩国、印度、印尼、海湾合作组织谈判双边的FTA,与太平洋岛国谈判PACER Plus协议,也积极地参加了区域全面经济伙伴关系协定(RECP,由东盟、中、日、韩、澳、新、印度等16国参加)的谈判和跨太平洋伙伴关系协定(TPP)。总而言之,澳大利亚的亚太经济合作战略是清晰的,那就是瞄准亚太区域经济增长的潜力,尽可能多地参加各种区域合作机制,为澳大利亚经济发展谋取最大的利益。

澳大利亚也是澳美同盟和亚太地区各类多边安全体系的受益者。战后至今,澳大利亚在安全上依赖美国,将澳美同盟作为其国家安全战略的基石。这种依附性的主因在于澳大利亚是一座远离欧亚大陆的大孤岛,茫茫大洋阻隔了澳大利亚与西方世界的联系,造成了以白人移民(特别是英裔)为主的澳大利亚浓重的隔阂感和孤立感。这种特殊的地缘环境加上相对稀少的人口和孱弱的重工业使澳大利亚难以独自承担起保卫国土安全的重任,也使其认识到海洋和海权(Maritime Power)作为维系他们与世界其他地区联系纽带和对其自身安全的重要性[1]。因此,从1901年建国至今,澳大利亚在历史上大部分时期内忠诚追随掌握海洋霸权的

---

[1] David Stevens, *Martime Power in the Twentieth Century: The Australian Experience*, Allan & Unwin, 1998, p. 1.

西方大国，或者说亚太秩序的主导大国。

与此同时，澳大利亚也在依靠自身努力，通过多边安全合作确保本国安全。即使依附于域外大国，但澳大利亚在安全问题上仍时常有远水解不了近渴之感。早在1936年《华盛顿限制海军协定》签署后，澳大利亚就提议再签署一个关于太平洋地区互不侵犯的协定，但国弱言轻，这一提议没有被当时的各主要大国采纳。① 1944年，澳大利亚与新西兰签订《澳新协定》，目的是在西南太平洋和南太平洋地区建立区域性防御区；1945年，澳大利亚向美国提出在战后由太平洋地区多数国家组成太平洋公约以维护地区安全；1967年，在英国工党政府宣布放弃在苏伊士运河以东的军事义务后，澳大利亚单方面做出了在没有美英两国合作的情况下继续给予马来西亚和新加坡军事援助的决定；1971年，澳大利亚与英国、新西兰、马来西亚和新加坡正式签署了《五国防务协定》，建立了五国海军顾问工作小组等一系列机构。进入新世纪，澳大利亚继续通过多样化举措不断强化其亚太各国的安全合作。近年来，随着美国"重返亚太"政策的推进，澳大利亚与日本在防务领域的合作交流尤其值得注意。

## 第二节　不列颠价值观和多元文化主义

### 一　不列颠价值观和移民同化政策

作为一个大英帝国所建立且早期人口完全是不列颠人的移民国家，澳大利亚不仅在政治制度、生活方式上模仿英国，且有着根深蒂固的不列颠价值观，这种价值观包括个人主义，伙伴关系，独立精神，自立、公正和平等原则，议会民主制的英国传统，普遍推崇的平均主义和民主自由。正如斯蒂芬·沃尔特所指出的：澳大利亚对英国的忠诚"不是忠于某个方面，而是全面的忠于英国的理念和生活方式"。②

某种意义上，不列颠价值观的典型表现也是与英国人的生活方式类

---

① F. A. Mediansky, *Australian Foreign Policy into the New Millennium*, Macmilan Education Australia Pty Ltd, 1997, p.191.

② ［美］斯蒂芬·沃尔特：《联盟的起源》，北京大学出版社2007年版，第39页。

似的"澳大利亚生活方式"。在20世纪50年代,一个典型澳大利亚人的形象是"在一个家庭里,男人是家长,有一个妻子、三个孩子,银行里有一张抵押契约,车库里有一辆赫尔顿牌轿车,冰箱里有福斯特啤酒,冬天的下午可以抽支考林伍德牌或圣乔治牌香烟提神"。① 这种生活方式表现为以"住宅和花园以及一份包括如冰箱、洗衣机、收音电唱两用机、电视机,当然还有小汽车的家庭财产清单为中心的郊区家庭生活图景"。② 不难发现,这是一个西方民主国家中产阶级的标准生活方式——只不过把日用品都换成了澳大利亚本土品牌。在当时,非英语移民就被期望同化为这样一个典型的澳大利亚人。

第二次世界大战前,非英语移民被"白澳政策"(见第二章相关内容)严格排斥在国门之外,随着战后非英特别是亚洲移民的大量到来,为了实现所谓的种族纯洁,维护不列颠价值观,从战后初期到20世纪60年代,澳大利亚政府试图采取文化同化政策,把大量非英语移民同化进不列颠价值观社会,消灭明显的民族多样性。自由党领袖哈罗德·霍尔特曾经要求:"我们新来的移民必须在观点和生活方式方面迅速成为澳大利亚人。"③ 在社会各界的推动下,"同化"成为战后初期澳大利亚用以描述移民安置政策的官方术语。

这种同化主义首先关注的是澳大利亚的社会同质性,这种同质性体现为澳大利亚的单一文化主义、英语单一语言主义,保持不列颠制度与传统。同化主义的基本思想是移民需要尽可能快地采纳澳大利亚生活方式,在文化、语言上快速"澳大利亚化"或"不列颠化",放弃自己的语言、文化传统,把非英语移民的文化、经济和道德都完全整合进一个同质的统一澳大利亚社会之中,最终达到前移民部长比尔·斯内登所称的理想目标:"我们应该有一种单一的文化,每一个人都以同样的方式生活,相互理解,有着共同的愿望。"④ 同化政策与不列颠价值观殊途同归,

---

① [澳] 杰弗里·博尔顿:《澳大利亚历史》,北京出版社1992年版,第117页。
② [澳] 理查德·怀特:《创造澳大利亚》,云南人民出版社2000年版,第207页。
③ 同上书,第202页。
④ Mark Lopez, *The Origins of Multiculturalism in Australian Politics 1945–1975*, Melboune University Press, 2000, p. 47.

其指导思想被吉恩·马丁归纳为移民学说（The Ideology if Settlement），这是指导新移民态度的一套信仰和价值观念。马丁将其总结为六个方面：第一，澳大利亚是个民主和个人至上的社会，对任何拥有其他中心价值观的人不存在阶级偏见，是慷慨热情和思想开放的；第二，所有移民有一个共同的重要特征，即他们能来澳大利亚是他们的幸运；第三，澳大利亚社会能够同化新移民，同时不会产生过分紧张，澳大利亚的不列颠价值观在本质上也不会发生变化；第四，任何民族群体或任何其他形式的移民组织都没有必要存在，这是对顺利同化的一种潜在威胁；第五，整合的过程包括个体的同化，并依赖双方的良好愿望；第六，如果移民被给予特殊的权利，则会破坏主导的平等观念，不利于同化。[1] 这套学说表明，澳大利亚人对同样具有不列颠价值观的"同类"是友好、慷慨的，对"异类"则是封闭、有偏见的。所谓"幸运的"移民应该主动由"异类"变为"同类"，成为澳大利亚社会的一员，而且这种转变需要移民在没有给予特别关照的情况下自主地实现。在整个同化政策的实施阶段，也就是战后初期至20世纪60年代，澳大利亚社会机构，诸如福利、教育、劳动力市场和法律机构等都没有进行过主动调整以适应新移民的需要。

但是，试图将所有非英语移民纳入不列颠价值观和澳大利亚生活方式地同化政策从本质而言是一种彻头彻尾的文化灭绝政策，是"白澳政策"在新形势下的一种表现，渗透着强烈的种族主义色彩。澳大利亚试图以这样一种同化模式把来源广泛的移民整合进盎格鲁人口之中，从而实现单一民族的理想，其结果注定是失败的。

第一，不列颠价值观和澳大利亚生活方式本身就是一个散漫的同化标准。这两种澳大利亚人引以为豪的文化标志本身也是西方民主国家中产阶级知识分子按照自己的理想设计出的有关他们自己的生活方式，不具有世界范围内的广泛代表性和典型性。在实际生活中，就算是澳大利亚人的生活方式也存在着巨大的个体和地域差异。第二，澳大利亚人对

---

[1] Adam Jamnozik, Cathyboland, Robert Urquhart, *Social Change and Cultural Transformation in Australia*, Cambrideg University Press, 1995, pp. 94–95.

非英语移民的态度普遍冷酷,因为同化政策的出发点本身就是澳大利亚人认为"自己的国家是世界上最好的",而对"移民的制度和生活方式有轻视甚至蔑视的倾向",[①] 这就使得澳大利亚人口口声声宣扬同化,又以冰冷的态度拒绝移民同化。第三,非英语移民对传统的坚持和对同化政策的抵制。同化政策中澳大利亚人的歧视姿态使许多非英语移民感到自己与其成为陌生人群中不受欢迎的一员,还不如生活在自己的传统之中,所以,许多移民极力保持自己的语言、文化和生活方式,移民逐渐在澳大利亚社会培育他们自身文化上、社会上、经济上的"飞地"。[②]

总之,对于同化政策,无论是主体民族还是被要求同化的移民都没有积极态度,甚至激发起非英语移民的顽强抗争。20世纪50年代末,澳大利亚人就已经明白同化难以达到预期目标,到了60年代,人们则不得不承认同化政策的失败,自此以后,澳大利亚开始进入文化多元主义新时代。然而不可否认的是,不列颠价值观或者说西方民主自由价值观仍然是当今澳大利亚在处理外交事务中所秉持的主流观念。这种价值观在外交实践中的主要表现则是澳大利亚政府具有所谓的"人道主义责任",包括倡导普世价值和推广平均分配价值。前者注重提高和保护人类的公民权和政治权,优先考虑传播民主,建立民主制度和人权保护机制。后者则强调国与国之间社会经济的不平等,承认全球市场的不均衡分配,提供发展资助和建立各种基础设施和社会救助机制。例如,在1948年,澳大利亚前外长伊瓦特代表联合国负责《世界人权宣言》的撰写,他的继任者斯彭德(Percy Spender)则大力推进"科伦坡计划",为亚太国家提供科技和教育方面的援助。

## 二 多元文化主义

所谓"文化多样性"(cultural diversity)问题,就是不同民族文化群体的关系问题,而"多元文化主义"(Multiculturalism)则是当今西方社

---

① [澳]戈登·格林伍德:《澳大利亚政治社会史》,商务印书馆1960年版,第518页。
② Michard Brown and Sumit Ganguly, *Government Policies and Ethnic Relations in Asia and the Pacific*, The MIT Press, 1997, p. 407.

会普遍认可的以民主方式处理文化多样性问题的理论与政策模式。澳大利亚学者詹姆斯·贾普认为，多元文化主义是描述现代社会文化和民族多样性的术语，作为一项国家政策，它要求政府对这种多样性采取适当的措施。[①] 一般而言，"多元文化主义"包含这样几层意思：首先，它指文化和民族多样性这一事实，即多元文化社会；其次，作为一种观念和思潮，它指的是对不同民族、文化群体得到承认的要求给予充分肯定；再次，作为一项政策，它指政府为谋求民族、宗教或语言方面的少数群体对公共领域的参与，而设计的处理文化多样性问题的一系列方针、原则和措施。

澳大利亚是一个典型的移民国家，也是一个长期坚持文化同质的国家。在战后移民导致文化多样性的形成与发展的背景下，在多元文化主义席卷西方的过程中，澳大利亚也成为继加拿大之后把"多元文化"宣布为国家政策的第二个国家。从同质社会到多元文化社会的转变以及多元文化主义的形成与发展是澳大利亚历史上最重要的转变之一，涉及澳大利亚国家和民族的定位问题，影响到社会的各个方面，对澳大利亚看待世界尤其是看待亚洲造成了不可忽视的重要影响。在今天，多元文化主义在澳大利亚已经成为"一个家喻户晓的术语，被接受为澳大利亚民族文化和民族身份不可缺少的部分"，[②] 在外交和国际政治层面，这也成为澳大利亚看待国际问题的重要影响因素。

多元文化的澳大利亚接纳的亚裔，尤其是华裔移民越来越多，因而对其多元文化主义的研究也有助于探索澳亚和澳中交流的方式和渠道。多元文化主义是澳大利亚在多元文化群体之间创建社会和谐的重要举措，在倡导民主自由、充当现有国际秩序维护者的同时，澳大利亚的多元文化主义观也在深刻地影响着其亚太政策进程。

澳大利亚是一个以盎格鲁—撒克逊移民为主，由一个英属殖民地逐步发展起来的移民国家，有着丰富的文化多样性。在澳大利亚，文化多

---

① James Jupp, The Challenge of Diversity, Policy Options for a Muliticultural Australia, Australian Government Publishing Service, 1993, p. iii.

② David Bennett, *Multicultural states*, *Rethinking Differences and Identity*, Routledge, 1998, p. 136.

样性就是作为主体的澳大利亚白人和作为次要部分的土著民族与非英语移民的共同存在,对亚太政策而言,其中更为关键的无疑是非英语移民的影响,而这也正是澳大利亚多元文化主义最终形成的重要原因,因为直到20世纪90年代,澳大利亚才把土著问题纳入多元文化主义体系。因此,第二次世界大战后的移民及其文化变迁所导致的多元文化主义兴起对澳大利亚亚太政策影响巨大。

正如前文所述,作为一个地广人稀的移民国家,澳大利亚逐步融入亚洲的标志正是亚裔移民的不断增加。第二次世界大战后,澳大利亚逐步出台了各种移民计划,从英联邦移民到西欧移民再到东南欧移民,但是,战后移民计划仍以"白澳政策"作为主要宗旨,以保护澳大利亚的盎格鲁民族文化的同质性为出发点。卡尔韦尔在1946年11月宣布,每接受10名英国移民才接受一个非英语移民,即10∶1原则。[1] 在英国移民数量无法满足需求时,"澳大利亚偏爱北欧移民,对南欧移民勉强接受,而亚洲人则是一种禁忌"。[2] 在当时的澳大利亚人看来,亚洲人不仅在肤色上不合标准,而且在文化上也与澳大利亚的不列颠价值和制度不相容,种族偏见、种族歧视仍是澳大利亚主流文化的特征。

随着战后经济的快速发展和移民人口的增长,澳大利亚对亚洲移民的禁忌也逐渐消除。根据1950年科伦坡计划有关援助东南亚不发达国家的项目,大量的亚洲学生到澳大利亚留学,这在某种程度上象征着"白澳政策"的削弱。1956年,澳政府宣布允许亚洲人享有在澳大利亚永久居留权和公民权,但必须在澳大利亚住上15年以后。20世纪70年代初期移民政策的根本改变是由工党政府完成的,工党早在1965年就从其党纲中删除了"白澳政策"。1972年工党领袖惠特拉姆上台执政,同年12月,移民部部长埃尔·格莱斯公开声明澳大利亚的移民政策与"全球一致,无人种、肤色或国籍歧视",[3] 并颁布新的移民法。新的移民政策称

---

[1] [澳]杰弗里·博尔顿:《澳大利亚历史》,北京出版社1992年版,第62页。
[2] [澳]唐纳德·霍恩:《澳大利亚人——幸运之邦的国民》,上海译文出版社2000年版,第41页。
[3] National Multicultural Advisory Council, Australian Multiculturalism for a New Century: Towards Inclusiveness, 1999.

为《澳大利亚公民法》。以此为标志，奉行了半个多世纪的、一直被奉为基本国策的"白澳政策"终于被废除，它标志着一个开放、平等地对待移民的时代的到来，也标志着澳大利亚与亚洲的关系进入了一个崭新的历史发展时期。

1947 年，不列颠血统澳大利亚人口占总人口数的 99.5%，当时的澳大利亚完全是一个单一民族、单一文化的国家，随着大量非英语移民的到来，1978 年，不列颠血统的人口降至 78%，到 1988 年降为 74.55%。[1] 由于大量非不列颠移民甚至非欧洲移民的到来，文化和民族差别越来越明显，语言、宗教和大众文化生活也出现了多样化趋势。澳大利亚与亚洲各国在经贸和人口流动方面的发展导致澳亚双方都意识到了彼此在文化上的差别。对于澳大利亚的外交决策者而言，在区域问题的决策过程中需要努力地去了解并且弥补澳大利亚与其北部邻居在文化和价值观上的差异。例如，基廷政府采取的是一个统一的程式化的方式，通过灵活的外交手段来克服这种文化的差异。基廷政府从来不认为澳大利亚可能会被亚洲化，正如他本人所指出的："我们不能变成亚洲人，就像我们不能变成欧洲和北美人一样。"[2] 但是，基廷政府也不认为澳大利亚与亚洲的文化差异悬殊，他认为如果能够超越刻板的印象，澳亚文化也有很多相同之处。

除了对文化差异的不同看法，文化多元主义在亚太政策中还有着更为具体的表现。澳大利亚外长埃文斯曾指出："我们的国家曾经是被英国抛弃的人的故乡，他们来到这里的原因是多种多样的，有的是为了躲避迫害，有的是为了追寻更好的生活，至少，有一部分的国民的思想是愿意投身于改革和进步。鉴于澳大利亚的国家实力，一个由公平、平等、天赋而不是权力和地位主宰的世界才是澳大利亚国家利益的最好选择。"正是根源于这种文化多元主义，澳大利亚在外交实践中并不认同与周边国家在价值观上陷入无休止的争论的做法，相反，澳大利亚政府认为，

---

[1] Adam Jamnozik, Cathyboland, Robert Urquhart, *Social Change and Cultural Transformation in Australia*, Cambridge University Press, 1995, p. 69.

[2] Paul Keating, "Australia, Asia and the New Regionalism", Singapore, 17 Jan 1996.

应该鼓励其民众和传媒理解周边国家的价值观,尊重他们独有的生活方式,理解欣赏其他国家不同文化传统。当然,澳大利亚的这种文化多元主义价值观是在不干扰国内主流的不列颠价值观或者说西方民主自由价值观的大前提下被提倡的。这也意味着澳大利亚不会放弃对人权问题和相关问题的关注,但与积极充当"世界警察"的美国不同,澳大利亚一般"安静而又有礼貌地"提出这些问题,并非大张旗鼓地指责他国政府或者干涉他国内政。

## 第三节　同盟观念

### 一　澳大利亚的意识形态同盟观

根源于澳大利亚的不列颠价值观,澳大利亚与英语国家之间存在天然联系,而掌握海洋霸权的国家,更是澳大利亚自建国以来就深深依赖以保障自身国土安全的联盟对象。

同盟理论是国际政治学界长期以来热议的话题。汉斯·摩根索的经典著作《国家间政治》就通过大量历史例证对同盟进行了深入讨论。摩根索则将同盟看成"均势在多极国家体系中发挥作用的必要功能"。美国国际政治学大师斯蒂芬·沃尔特则认为"同盟是指两个或更多主权国家之间正式的或非正式的安全合作安排"。利斯卡认为:"同盟反对某国或某项事务,如果进行延伸的话,则只是维护某国或某项事务。"但是,利斯卡同样认为,"结盟也显示了意识形态或种族上的相似关系"。[1]

在讨论观念对澳大利亚对外政策的影响要素时,意识形态因素的同盟观念也是不可或缺的重要环节。某种意义而言,澳英同盟、澳美同盟乃至澳新同盟、澳日同盟都是一致性的意识形态联盟。一致性的意识形态联盟是指拥有共同的政治、文化或其他特性的国家所建立的联盟。[2] 按照一致性意识形态的假设,两个或更多的国家越是类似,它们联盟的可能性越大。虽然在国际政治领域,大多数现实主义学者都贬低意识形态

---

[1] [美] 斯蒂芬·沃尔特:《联盟的起源》,北京大学出版社2007年版,第3—6页。
[2] 同上书,第5页。

在联盟选择中的重要性,但认为类似国家相互吸引的看法仍被反复强调。例如,埃德蒙·伯克就相信联盟是"法律、风俗和生活习惯相似"国家的产物。① 虽然帕默斯顿勋爵宣称英国"没有永久的朋友,只有永久的利益",但作为外交大臣的他的政策仍然表明他相信民主国家天然地亲近。他在 1834 年指出:"现在,我们的政策应该是建立一个由自由国家组成的西方联盟(Western confederacy)以制衡由专制政府组成的东方同盟(Eastern League)。我们将强大,而它们将衰落。这样,欧洲所有的卫星国将自动地为我们的制度所吸引。"② 美国更是在世界范围内强调意识形态同盟的主要国家,前总统罗纳德·里根同样热衷于指出美国及其盟国如何"重新发现了民主的价值观",强调"对和平与自由的维护使我们与盟友和朋友团结在了一起"。③

共同观念或意识形态影响同盟的原因包括:第一,与相似国家结盟被认为是维护自身政治原则的一种方式。毕竟,如果政治家们相信他们的政府体制本质上优于其他体制,那么保护具有相似体制的国家也必然被肯定。第二,具有相似特性的国家相互之间担忧较少,因为这些国家难以设想一个本质上好的国家会决定进攻他们。第三,与相似国家的结盟,通过显示该国是一个规模较大,受到普遍欢迎运动的一部分,从而加强本国政权的合法性。另外,意识形态本身就规定了结盟的范围。就澳大利亚而言,很大程度上根源于澳英之间在历史、文化、制度和意识形态上的紧密关系,澳大利亚在两次世界大战中都与英国结盟对德国作战,虽然德国并没有对澳构成直接威胁。

## 二 澳大利亚同盟观念的缘起

作为曾经的英国殖民地,澳大利亚有着天然的"英国情结",在经济、政治、文化等各方面都向英国看齐,在建国之后相当长的历史时期

---

① Edmund Burke, *First Letters on a Regicide Peace*, 转引自 Wight and Butterfield, *Diplomatic Investigations*, p. 97.

② Charles Webster, *The Foreign Policy of Palmerston, 1830—1841*, G. Bell & Sons, 1951, p. 390.

③ "State of the Union Message", *New York Times*, January 26, 1983.

内，澳大利亚在亚太政策乃至全球政策问题上全面追随英国。当时的澳大利亚并不是一个完全独立的主权国家，它不能与外国签订法律条约，除了在伦敦之外，澳大利亚在世界其他地方没有一个驻外机构。澳大利亚的重大外交和防务决策都由大英帝国做出，直到1942年工党当政，澳大利亚才批准《威斯敏斯特法案》，这一法案给予大英帝国的自治领制定独立的法律和外交政策的权力。"几乎是在加拿大、爱尔兰和南非已经有了先例20年后，澳大利亚才派遣第一个外交使团进驻外国首都。在大多数情况下，澳大利亚都是根据英国外交委员会的信息来对相关世界事件进行分析，依靠英国的外交机构来代表澳大利亚的国外利益。实际上，澳大利亚人以支持整个大英帝国在国际关系上的统一为荣。"[①] 因此，大英帝国的敌人也就天然地成为澳大利亚的敌人。1901年，澳大利亚联邦正式成立，其国家安全形势相当严峻。在当时，德国占据了俾斯麦群岛的北新几内亚，对澳属巴布亚新几内亚和澳大利亚本土构成了现实威胁；日本在1905年的日俄战争中摧毁了俄国海军，在亚太地区的扩张势头猛烈。面对这些可能的威胁，澳大利亚基本上完全依赖英国军队保障本国安全。英国皇家海军提供一个帝国编队维持澳远海防御，近海及海岸防御则由澳大利亚政府的三流舰队和港口防御力量组成。在接下来的时期内，澳大利亚与大英帝国的安全防务关系错综复杂，经历了从完全依附到独立自主意识萌发的过程，其焦点在于澳大利亚对自身安全威胁强烈担忧而日渐衰弱的英国却不愿卷入外部纷争。

在两次世界大战及期间的岁月里，大英帝国陷入了持续衰落的阵痛之中，澳大利亚政府一方面批评英国过分关注经济问题和欧洲事务，而未对太平洋地区防务给予应有的重视，对英国未能按照预期速度加强新加坡的防御感到不满，抱怨其参与帝国整体防御机制的态度不够热心。另一方面，澳大利亚内部开始就国防立足于本土防卫还是大英帝国防卫问题出现较大分歧。联邦政府主张在加强英美同盟的基础上不断加强海军建设力度，而在野的工党主张"国防自主"，力图建立本国独立的防务

---

① 李凡：《冷战后的美国和澳大利亚同盟关系》，中国社会科学出版社2010年版，第28页。

系统，避免使澳大利亚介入本土以外的纷争。①

太平洋战争的爆发使英国在亚太地区的势力范围受到了毁灭性的打击，澳大利亚漫长的海岸线以及人口较少且集中分布于澳东南部使其危在旦夕。在这一关键时刻，澳大利亚在安全问题上由依附英国转为依附美国。1951年9月1日，由澳大利亚、新西兰和美国签署的《澳新美同盟条约》（简称 ANZUS）成为迄今澳大利亚政府对外缔结的唯一军事同盟条约。澳美同盟形成至今，始终是澳大利亚外交和防务政策的核心和首要关切，从2013年最新的《国防白皮书》来看，澳大利亚的国家安全战略仍然是"有限自主"，带有浓厚的依附性色彩，澳美关系仍是澳安全战略的基石。②

如果说澳大利亚所带有的天然"英国情结"使其成为英国在二战结束前最坚定的盟友，那么澳大利亚与美国源远流长的历史关系也在澳美同盟的铸就过程中发挥了巨大作用。

从民族起源看，两国都是由英国移民建立的国家，同属盎格鲁—撒克逊民族的海外分支。1607年，英国伦敦公司运送144名移民到达北美大西洋沿岸的切萨皮克湾，次年建立了第一个永久移民定居点——詹姆斯敦，从此开始了弗吉尼亚殖民地的历史。100多年后，由于美国独立战争的爆发，英国失去了重要的移民定居点和罪犯流放点，其国内监狱人满为患。因此，在1788年1月24日，英国"第一舰队"带着1030名移民（其中流放犯736人）抵达澳大利亚东海岸植物湾，从而揭开了澳大利亚殖民化的序幕。正如丹尼斯·朱迪所言："如果不失去北美殖民地，就可能没有1788年第一舰队航行到植物湾。"③ 历史学家邓巴宾在1928年澳大利亚科学促进联合会第19次会议上甚至表示："如果说乔治·华盛顿可以被称作美国的国父，那么他肯定也能算是新威尔士的

---

① H. R. Cowie, *Crossroads: Asia and Australia in World Affairs*, Thomas Nelson Australia Pty Ltd, 1980, pp. 204 – 215.

② Deparment of Defence, Australian Government: Defence Paper 2013, Australia's International Defence Engagement, p. 55.

③ Denis Judd, *Empire: The British Imperial Experience, from 1765 to the Present*, Fontana Press, 1996, p. 27.

继父。"① 可见，是在最初的殖民历史中，澳大利亚就与美国脱离不了干系。

从建国理念、政治制度和宪法精神看，美国的开创性实践也深刻影响了澳大利亚的民族主义者和联邦主义者。澳大利亚开国元勋曾深入研究美国建国思想和政治原则，参照美国模式构建本国政治制度。詹姆斯·布里茨撰写的《美利坚联邦》成为1897年殖民地会议上与会代表的必读之作。约翰·劳泽认为该书是澳大利亚宪法起草者的"伟大教科书"。1901年1月1日，根据英国议会法案，"为了大英帝国永恒的荣耀"，澳大利亚"建立了一个美国式的、中央政府软弱而各州保持强烈独立传统的联邦"②，同样制定了与美国宪法精神类似的联邦宪法。除了英联邦国家外，澳大利亚联邦成立庆典的特别邀请也被发往美国，悉尼《每日电讯》指出：世界上没有哪个国家比伟大的美利坚合众国更能了解澳大利亚采取这一步骤（建立联邦）的价值。③

可见，澳大利亚和美国早期往来主要源自同根同源的血缘联系以及同为脱离旧大陆获得独立的共同经历。澳美两国在政治理念、文化传统、语言习俗等方面存在的共性并由此带来的强烈认同，为两国在若干年后形成坚固的同盟关系打下了坚实的历史文化和意识形态基础。

---

① 黄源深、陈弘：《从孤立走向世界——澳大利亚文化简论》，浙江人民出版社1993年版，第120页。

② 汪诗明：《论1908年美国大白色舰队访澳》，《复旦学报》（社会科学版）2005年第1期，第121页。

③ Norman Harper, *A Great and Powerful Friend: A Study of Australian American Relations Between 1900 and 1975*, University of Queensland Press, p. 3.

第 六 章

# 中澳 FTA 签订的澳大利亚国内动因

中澳经贸关系的发展"始于微时"。直至 20 世纪 80 年代末,澳大利亚对与中国的关系不甚重视,不管是在外交领域还是经济领域,其对中国的研究都停留于表面。1984 年陆克文驻华之时,澳大利亚驻华领馆内连专门主管经济的秘书都没有,对华经济报告需要学中文的陆克文撰写。[1] 如今,澳大利亚的驻华使馆有了多个部门派驻的经济学家,他们在对中国经济的各个领域进行密切研判。由此可见,而今澳大利亚对中澳经济的重视,这种重视,建立在中澳经贸关系的繁荣上,目前中国是澳大利亚的第一大贸易伙伴。[2]

2015 年 6 月 17 日的堪培拉阳光明媚,这样的天气适合结束一个长达十年的贸易谈判。这一天,中澳自贸协定正式签订。这是澳大利亚有史以来规模最大的贸易谈判。2015 年 12 月 20 日,中澳自由贸易协定(China-Australia Free Trade Agreement,简称中澳 FTA)正式生效。中澳 FTA 的签订标志着两国的经贸关系迈入新的阶段。

中澳 FTA 的谈判经历了 10 年时间,这其中澳大利亚对该项政策的判断如何,其与中国签订贸易协议的考量是什么,澳大利亚的各种国内因素在 FTA 政策的决策过程中起到了什么样的作用?此章将凭借前五章所构建的理论体系,对影响中澳 FTA 决策的澳大利亚国内因素进行分析。

---

[1] [澳] 罗伯特·麦克林:《陆克文传》,毕熙燕译,福建教育出版社 2008 年版,第 84 页。
[2] 《2011—2012 年度贸易构成》,DFAT, http://dfat.gov.au/trade/resources/trade-at-a-glance/Pages/default.aspx,上网日期:2017 年 3 月 20 日。

## 第一节　中澳 FTA 的基本内容

2015 年 12 月 20 日，中澳自由贸易协定正式生效。该协定的签署对两国经贸关系的发展具有里程碑意义。一方面，该协定实施后将按照关税减让清单削减关税，自协定生效日伊始，中国和澳大利亚总计有 2402 个税目的商品关税为零（其中 692 种商品在协定前的税率即为零）；另一方面，两国双边直接投资（Foreign Direct Investment，简称中澳 FDI）的壁垒也将被进一步打破，中澳自贸协定的投资促进和自由化原则及该协定的具体内容，有助于促进双方投资的快速增长。

中澳自贸协定在内容上涵盖货物、服务、投资等十几个领域，实现了"全面、高质量和利益平衡"的目标，是中国与其他国家迄今已商签的贸易投资自由化整体水平最高的自贸协定。在货物领域，双方各有占出口贸易额 85.4% 的产品将在协定生效时立即实现零关税。减税过渡期后，澳大利亚产品最终实现零关税的税目占比和贸易额占比将达到 100%。例如，澳大利亚是中国牛肉的最大进口来源，占中国全部进口份额的 56.8%，而这些牛肉在 FTA 生效后将全部免关税。中国产品实现零关税的税目占比和贸易额占比将分别达到 96.8% 和 97%，这大大超过一般自贸协定中 90% 的降税水平。除此之外，协定还在包括电子商务、政府采购、知识产权、竞争等"21 世纪经贸议题"在内的十几个领域，就推进双方交流合作做出了一系列规定。

表 6—1　　　　　　　　中澳自贸协定部分货品降税对比

| 产品 | 当前关税 | 自贸区关税 | 备注（生效时间） |
| --- | --- | --- | --- |
| 乳制品 | 不明 | 零关税 | 4—11 年 |
| 婴儿配方奶粉 | 15% | 零关税 | 4 年 |
| 牛肉 | 12%—25% | 零关税 | 9 年 |
| 羊肉 | 23% | 零关税 | 8 年 |
| 大麦 | 3% | 零关税 | 立即 |

续表

| 产品 | 当前关税 | 自贸区关税 | 备注（生效时间） |
|---|---|---|---|
| 高粱 | 2% | 零关税 | 立即 |
| 活牛 | 5% | 零关税 | 4 年 |
| 皮、皮革 | 不明 | 14%关税 | 2—7 年 |
| 园艺产业 | 不明 | 零关税 | 4 年 |
| 海产品 | 不明 | 大部分零关税 | 4 年 |
| 酒水 | 14%—30% | 零关税 | 4 年 |

在投资领域，双方自协定生效时起，将相互给予最惠国待遇；澳方同时将对中国企业赴澳投资降低审查门槛，中国私营企业可享受同美国、新西兰等国同等的待遇。根据 FTA 条款规定，只有当投资额超过 10.8 亿澳元时，才需要经过 FIRB 的审查[①]，而对未与澳方签订 FTA 的国家而言，该额度是 2.48 亿澳元。

在服务领域，澳方承诺自协定生效时对中方以负面清单方式开放服务部门，成为世界上首个以此种方式对中国作出服务贸易承诺的国家，而中方则以正面清单方式向澳方开放服务部门。双方都将相互给予最惠国待遇。在作出市场准入的领域，任何一方不得在其一地区或在其全部领土内维持或采取限制措施，例如：不得以数量配额、垄断、专营服务提供者的形式，或以经济需求测试要求的形式，限制服务提供者的数量；不得以数量配额或经济需求测试要求的形式，限制服务交易或资产总值；不得以配额或经济需求测试要求的形式，限制服务业务总数或以指定数量单位表示的服务产出总量；不得以数量配额或经济需求测试要求的形式，限制特定服务部门或服务提供者可雇佣的、提供具体服务所必需且直接有关的自然人总数；亦不得限制或要求服务提供者通过特定类型法律实体或合营企业提供服务的措施；不得以限制外国股权最高百分比或

---

① FIRB 全称为 Foreign Investment Review Board，是负责审查来自海外在澳投资企业的主要机构。

限制单个或总体外国投资总额的方式，限制外国资本的参与。①

可见，中澳 FTA 的签订，使中澳经济交往的政策环境达到了前所未有的宽松与良好，极大地降低了双边贸易和投资往来的门槛，为两国经贸关系未来的发展确立了更加开放、便利和规范的制度安排。它有助于深度挖掘两国合作潜力，进一步促进资金、资源和人员的双向流动，全面推进和深化双边经贸关系，提升合作水平。

事实也确实如此。自协定生效以来，中澳双边经贸关系平稳发展，货物贸易结构不断优化，两国优势产品的出口均实现了较快增长。据澳方统计，2016 年前三个季度，澳大利亚多种产品对华出口量由于关税削减而翻番；一年以来，澳大利亚食用葡萄对华出口增长 6 倍，达到 1.2 亿澳元；治疗用药物对华出口增长 90%，达到 5.23 亿澳元；同期，奶粉对华出口增长 80% 至 1.27 亿澳元，瓶装葡萄酒对华出口增长 40% 至 3.09 亿澳元，新鲜脐橙对华出口增长 55% 至 5100 万澳元，奶酪对华出口增长 28% 至 3300 万澳元。

根据中国驻澳大利亚大使馆提供的数据，2016 年头 11 个月，在全球经济复苏乏力的大背景下，双方货物贸易总额达到 6377.4 亿元人民币。中国优势产品对澳出口也实现大幅增长，如陶瓷产品 2016 年头 10 个月对澳出口增长 13.15%。

除了贸易，投资也从中澳 FTA 中受益。根据中国驻澳大使馆提供的数据，2016 年前三季度，中国对澳直接投资同比增长 73.3%，跨越 10 亿澳元审查门槛的大型中资项目即超过 10 个。

但是，这样一个无论从事前的理性分析，还是事后的实践证明，皆可谓是利大于弊、有望双赢的自贸协定，从其谈判到签署，却远非是一帆风顺，而是备历艰辛。究其原因，就在于澳大利亚诸多国内因素对其政策制定的复杂影响。

---

① 《中澳自贸协定》第九章，中华人民共和国商务部网站，http://fta.mofcom.gov.cn/Australia/australia_special.shtml，上网日期：2017 年 3 月 12 日。

## 第二节　中澳 FTA 谈判进程中的难点

中澳 FTA 谈判耗时 10 年——从 2005 年启动谈判到 2015 年签订协议——其间经历了 21 轮谈判，牵涉多个部门和行业。就澳大利亚而言，参与对外谈判的主要政府机构是澳大利亚的外交贸易部、农业部、国库部、贸易与投资部。而制造业、农业和服务行业，则是协议的主要覆盖领域。

同样是 FTA 谈判，美国同澳大利亚于 2002 年启动谈判，到 2005 年 1 月 1 日协定即正式生效。相比美澳的短平快，中澳 FTA 却耗时耗力。用澳方主要谈判人 Rick Wells 的话说是："使人饱受折磨。"之所以有这种不同，是因为中澳 FTA 对于澳方而言，出现了两大特殊的难点，即分别是劳动力市场测试问题和中国国企对澳大利亚敏感领域的投资之监管问题。

### 一　劳动力市场测试的意义与挑战

中澳 FTA 签订前夕，在澳大利亚引起轩然大波的，是关于中国公司投资澳大利亚基础建设时可以直接从中国本土雇佣工人的条款，也即是其"劳工市场改革"部分。根据目前 FTA 的"第十章 自然人移动"中"第一条 范围"的协定内容，中澳签订 FTA 后，双方任何一方仍然可以对另一方进入的临时居留人员实施管制，但是在该章的第三条中谈道：

> 本协定的任何规定不得阻碍一方对另一方的自然人进入或在其领土内临时居留采取管理措施，包括为保护其领土完整及为确保自然人有序跨境移动而采取的必要措施，只要此类措施的实施并未致使另一方在本章项下获得的利益丧失或减损。

同时，在其第四条的第三点中更特别提到，双方任何一方不得使用"劳动力测试"，即不得"将劳动力市场测试、经济需求测试或其他有类似作用的程序作为临时入境的条件要求"。

在此之前，外籍人士在澳大利亚获得工作签证的必要条件，就是劳动力市场测试。所谓劳动力市场测试，是澳大利亚政府借鉴英国政府保护本国劳动力实施的一项措施：当澳大利亚本国雇主需要从海外雇佣员工时，必须先在本地的劳工市场做招聘广告；如果在招聘时间内没有合格的人选，雇主才能从海外聘请员工。澳大利亚移民局在给海外员工颁发工作签证（该签证被称为457签证）时，需要雇主提供劳动力市场测试的结果，证明本地劳工确实稀缺。劳动力市场测试的目的，就在于保护本国劳工的利益，确保本国劳工的工作机会和工作待遇。

而FTA的相关条款，则部分允许中资企业可以直接从中国雇佣工人到澳大利亚工作。作为协议的一部分，中澳签订了《IFA谅解备忘录》，IFA允许在澳境内注册，且中方持有超过50%股份的公司，或者在澳大利亚投资修建超过1.5亿澳元的基础设施公司，可直接从中国雇佣中国工人到澳大利亚工作。[①] 其涉及的领域，包括食品、农业、能源、电信、发电、供电和旅游。

如此就不难想象，为什么该条款在澳大利亚政坛和社会能"一石激起千层浪"。由于人口稀少，澳大利亚的人力成本一直较高，包括建筑工人在内的蓝领工人的工资都很高，并且受到工会的密切保护。这一传统自建国以来一直延续至今。澳大利亚的最低时薪为17澳币一小时，约合人民币75元；[②] 如澳大利亚砖工的时薪就大约是30澳币一小时。[③] 高昂的人力成本，使得澳大利亚本地建筑公司和制造业的负担较重，运营成本高，在面对海外同类公司的竞争时缺乏优势。所以，澳大利亚历史上仅有的三家汽车公司的海外制造厂，都在2017年以前撤离了澳大利亚，其原因就在于，澳大利亚高昂的工人工资导致这些制造商的成本远高于其他地区的分厂。但即使出现这种产业外迁的势头，由于澳大利亚本国工会的强大，澳工人的工资仍然保持高位，企业的人力成本居高不下。

---

① 《中澳自贸协定谅解备忘录》，http://www.ccpit.org/Contents/Channel_4096/2016/0615/660532/content_660532.htm，上网日期：2017年3月1日。

② 汇率为1人民币兑0.2澳币。

③ Payscale，http://www.payscale.com/research/AU/Job=Bricklayer/Hourly_Rate，上网日期：2017年2月14日。

所以，上述 FTA 条款的实施，可能使澳本国劳工的工作机会大大减少，并且可能由于劳动力竞争的加大，导致本地劳工工资下降。因此，在 FTA 签订之前，该条款成为核心争论的问题。

## 二 对中国国企投资的监管

在中澳两国经济交往持续发展的同时，中方对澳直接投资也呈现快速增长的势头。自 1987 年中钢投资恰那铁矿起，短短 30 年间，中国已跃居澳大利亚投资来源国的前三位。尤其是 2005 年以来，中国在澳投资出现跨越性增长。仅 2008 年一年，中国对澳投资就增长了近 10 倍，由 15 亿美元跃升到 160 亿美元。2005—2012 年，澳连续成为吸收中国海外直接投资最多的国家，直至 2013 年才以微弱差距被美国反超。当前，中国对澳直接投资额占中国海外直接投资总额的 12%。与此同时，来自中国的投资及其企业，对澳大利亚经济和社会的影响也日益凸显。

正是在这种背景下，中国一些投资企业的官方背景成为一个问题。尽管澳大利亚承认中国遵守"市场经济"的国际准则，大多数中国国企也是在竞争激烈的市场中开展业务，远离中国政府的干预，但一些人仍然担心，中国国企是中国政府的代理人。

据毕马威与悉尼大学创建的数据库统计，2006 年 9 月至 2012 年 6 月，中国对澳投资的 116 个项目中，有 92 个项目由 45 家国企完成；就投资额而言，则有 95% 的投资由国企完成。2013 年，中国私企对澳投资明显增加，但仍有 84% 的投资额由国企完成。由于国情的不同，这种由国企担当投资主力的方式，竟招致高达 78% 的澳民众反对。在反对者看来，中国国企对澳投资是政府导向的非商业行为，很可能另有战略企图，"要么是控制世界资源"，"要么是增加外交战略筹码"；同时，他们认为中国国企缺乏透明度，可能干扰澳大利亚的市场秩序，甚至导致垄断等问题。

正是基于这种担忧，2008 年 2 月，中铝增持力拓股份后不久，澳大利亚外资审查委员会（FIRB）发布对澳投资新指南，规定"所有外国政府及相关企业在澳进行的直接投资、土地收购和新业务，无论规模大小，都需经政府审查"，审查原则包括：投资者行为是否独立于关联的外国政府；是否遵守法律和遵循被普遍认可的商业行为准则；是否会阻碍竞争，从而导致相关产业过度集中或垄断；是否会对澳政府收入或其他政策造成冲击；是否会影响澳国家安全；是否会影响澳商业规范及企业运作方式；以及该投资对澳经济和社会的贡献。这是澳政府首次明文表达对海外国企投资可能威胁"国家安全"的担忧，被外界普遍解读为意在直接针对在澳投资迅速增加的中国国企。FIRB前执行总监亦向美国外交官介绍说，"新的准则主要是基于中国对战略性资源部门的投资的考虑"，意指中国国有企业投资者们可能不是出于商业目的，而更可能是被其他非商业的或战略性的政府目标所驱动而来投资。

澳大利亚外资审查委员会于2008年出台了新的纲领，决定将中国国企名单单独列出，审查其投资是否符合澳"国家利益"。2012年，时任自由党领袖、后任澳总理的阿博特（Tony Abbott）在北京发表的声明中，也明确表达了相关疑虑，他说："允许外国政府或其机构控制澳企，很少符合澳国家利益。"阿博特将这类投资形容为"非常复杂"，并明确表示反对享受政府支持的实体通过收购获得澳大利亚资产的控制权。

上述主要针对中国国企的"额外审查条款"恶化了中国对澳投资环境，明显不利于两国经济交往的进一步发展。2009年，中国企业在澳投资开始遭遇前所未有的困难，中铝增持力拓股权、五矿投资OZ矿业、华菱收购FMG股份、中国有色投资莱纳稀土等项目接连受挫：或审批延期，或被要求修改条款等，一度导致当年中澳关系跌至谷底。尽管此后澳官员明示："希望外国投资在绿地投资项目中持股比例不超过50%，在澳大型企业中持股比例不超过15%"，以为中企在澳顺利投资提供参考，但"澳大利亚投资政策不透明""中国投资在澳大利亚不受欢迎"的印象已在中国国内形成。2012年，澳大利亚中国工商业委员会发布报告称，中国投资者在澳大利亚受到歧视，不像在美国和加拿大等国那样受到欢迎。中山大学亚太研究院的讲师、大洋洲研究中心的助理研究员费晟在接受时代周报的采访时则说："总体来说，在澳大利亚，除了中国国企的投资会普遍受到警惕和排斥，我并不清楚还有其他什么明显受到排斥的投资，一方面，这些投资多由中国国企发起，在澳方看来具有官方性质和政治目的，这成了许多政客炒作的话题。另一方面，传统上对亚洲邻居的不信任心理也在作祟。"

在中澳 FTA 的谈判过程中，关于对中国国企投资的审查和监管是应该强化，还是弱化甚至取消的争论，在很大程度上影响了谈判进程，并且牵动了澳大利亚国内利益各方的政治博弈。2013 年 4 月，澳工党政府拒绝了中方提出的将中资免审标准升至 10 亿澳元（FIRB 此前规定所有外国国企和超过 2.48 亿澳元的海外投资均应接受审查）的要求；10 月，选战获胜后新上任的联盟党政府内部，就是否在与中国达成 FTA 后，将农业用地投资审查线由拟定的 1500 万澳元升至 10 亿澳元的问题产生分歧，国家党认为，中国在农业投资方面不能享受与美国同等的待遇。

## 第三节 澳大利亚签订 FTA 的国内动因分析

在回顾了中澳 FTA 基本内容、历史沿革和主要争议点之后，下面将从国内政治的角度对中澳 FTA 签订进行动因分析。澳大利亚外交政策形成的过程是复杂而多面的。制度因素是政策制定的主要载体，政策在制定过程中又受到利益和观念的影响，其中利益是主要因素，观念起的是"扳道工"作用，当利益因素不明朗时则有引导作用。从 2005 年启动谈判到 2015 年签订协议的 10 年中，不同的制度、利益和观念，分别发挥了巨大的推动或阻碍作用。

### 一 制度因素的影响

古今中外，一个通行的政治规律是，执政党更倾向于建设，反对党更倾向于破坏。因此，由执政党所主导的政府机构，往往是建设性事业的推动者，具体到中澳 FTA 的签订也不例外。

如本书前面章节所述，澳大利亚外交政策的核心决策机构为内阁；在外交政策的制定过程中，涉及的主要行政机构包括 DFAT、澳大利亚贸易与投资部、总理办公室、内阁及总理，而议会的作用则相对弱化。这其中，总理及内阁的权力空间相对较大，负责决策，而 DFAT 和 PM&C 等行政部门主要负责政策的具体评估、执行和反馈相关信息。

从 FTA 的签订来看，澳大利亚对华政策的决策权力高度集中于执政党和总理。因此，中澳 FTA 得以签订，基本上是在联盟党能够继续执政的基础上实现的。

(一) 文官与内阁

中澳 FTA 的成功，DFAT 功不可没。中澳 FTA 从高层意向性商谈到谈判，主要是通过 DFAT 进行的。DFAT 的工作包括从国内各行业征集意见、成立专家委员会进行评审、组织正式会谈等。

作为外交政策制定中最重要的文官机构，DFAT 与执政党的立场高度一致，支持 FTA 的尽快签订。因此，在劳动力测试问题上，DFAT 的官员与重点在保护本国就业的工会的观点截然相反。DFAT 的官员认为，免除该项测试并不会造成本地员工的大量失业，也不会损害澳大利亚的经济发展；相反，劳动力测试可能使澳大利亚经济丧失竞争力，反过来影响本地就业。

在中澳 FTA 的签订过程中，DFAT 主要起的作用是评估、推动和协调。在初始阶段，DFAT 负责评估该协定的可行性。它委托了莫纳什大学的政策研究中心和来自中国社会科学院、南开大学的专家做了独立经济模型[①]。

在 FTA 内容的谈判过程中，DFAT 负责谈判的具体工作，其中的 FTA 司就是澳方的主力谈判者，时任该司司长的安思捷 (Jan Adams) 是澳方最得力的谈判专家。但是 DFAT 的文官并不是决策者，内阁的决策才是他们谈判的指挥棒，例如，安思捷会定期向内阁汇报进度，当需要内阁赋予权力时，也会将相关材料报送内阁相关部长，并在内阁会议中讨论。但是，作为文官的安思捷，必须在关键问题上征询和服从外长及其他相关内阁部长的意见。

中澳 FTA 的谈判内容之多、规模之大，对于澳大利亚是前所未有的。除了外交贸易部和贸易与投资部，中澳 FTA 涉及的内容几乎涵盖所有的国内部门，包括农业部、卫生部、通信部、工业部、海关、环保部、国库部，因此，这些部门也必须为 DFAT 的谈判工作提供支持，准备相关的

---

① Dr Yinhua Mai-The Centre of Policy Studies, Modelling The Potential Benefits of An Australia-China Free Trade Agreement (2005), DFAT, http://www.dfat.gov.au/geo/china/fta/modelling_impact.pdf, at 16 October 2007.

材料，并且他们的行业意见也必须考虑到协议内容之中。由此也可看出澳大利亚外交政策的决策正逐渐从单领域向多领域扩散，内政和外交相互影响，联系更为紧密。

除此以外，FTA 也涉及州政府的法律和规章制度，因此总理和内阁部（Department of PM&C）需要在州政府和联邦政府中联系协调。正如本书第三章中提到的，该部门的主要作用是连接各级政府，是联邦政府与地方政府的桥梁和信息中转站。

在与中国签订 FTA 以前，澳大利亚已经与多国签订了 FTA[①]，内阁针对 FTA 的工作在很早以前就开始了，2000 年澳大利亚 DFAT 就针对 FTA 开始了各项工作，从商业可行性到谈判的先决条件等。

不同于 DFAT 对具体事务的操作，内阁的决策往往是宏观的。早在 2000 年，内阁就对澳大利亚积极推进 FTA 达成共识：只要自由贸易能够比多边贸易为澳大利亚带来更大的经济利益，那么 FTA 就是可行的。

与中方打交道较多的义官往往对澳中 FTA 的态度积极，例如时任澳大利亚驻华大使的孙安芳（Frances Adamson）曾多次在多个场合就澳大利亚官方和民众对该协定的疑虑做出回应。她认为澳大利亚对中国投资的敏感太夸张，她这样评论道："美澳贸易占澳大利亚贸易总额的 9%，美国在澳大利亚的投资已经有 100 多年的历史，并且美国在澳大利亚的投资占澳大利亚外来投资的 23%。日澳贸易占澳大利亚贸易总额的 10%，日本对澳大利亚投资大约从 50 年前开始，在澳大利亚的投资占澳大利亚外来投资额的 10%。中澳贸易占澳大利亚贸易总额的 20%，但是中国对澳大利亚的投资大概只有 7—8 年的历史，而投资额只占总额的 3.3%。每当有新一轮的外国投资进入时，我们总是很焦虑。但事实证明这并不那么需要。"[②] 由此可以看出，澳大利亚驻华大使对中国对澳投资的态度是积极支持的，并且她也在各个场合奔走以缓解国内的忧虑。

---

[①] FTA 协定一般是双边协定（bilateral agreement）。

[②] ABC Australian Ambassador to China urges greater understanding of the market，http://www.ecns.cn/2014/06-25/120774.shtml，上网日期：2017 年 4 月 17 日。

## （二）总理因素

作为执政党领袖，澳大利亚时任总理是中澳 FTA 的天然支持者。但是，不同党派因其代表的利益不同，对待中澳 FTA 的态度在具体细节上也会有所不同。中澳 FTA 历经十年谈判最终得以签订，也是在联盟党能够持续执政的基础上才得以实现。由于澳大利亚工党无可避免地会受到工会更大的压力，因此，假若 2015 年的选举是工党候选人当选总理，中澳 FTA 签订的时间很可能还会继续延后。

澳大利亚对 FTA 的积极态度始于霍华德政府，霍华德是一个坚定的双边贸易支持者，他认为在当时的国际形势下双边贸易是澳大利亚的最佳选择。1997 年，霍华德政府在《贸易和外交白皮书》中声明，澳大利亚对新的贸易形式持开放态度，包括自由贸易协定。1999 年在西雅图召开的 WTO 部长级会议，又一次遭到反全球化人士的激烈抗议，示威游行的规模空前。在这样的形势下，霍华德总理、时任澳大利亚贸易部长的威尔（Mark Vaile），都将目光投向了双边贸易协定。中澳 FTA 谈判最初开始于 2005 年，正是在霍华德政府执政期间启动的。

从中澳自贸协定来看，澳大利亚总理在两国接触、表达意愿时的作用非常大。总理能够使 FTA 的意向快速传递到其他意向国的高层。在谈判过程之中，双方高层互访或者是碰头，都能够为谈判进程助力。虽然澳大利亚的总理做不到撇开各方的反对意见强行推动谈判进程，但他们可以说总是将谈判进程维持在逐渐走向成功的轨道上。

## （三）议会因素

由于议会是各党派、各利益集团意见的集中地，所以这里也是体制因素中最有可能与执政党逆向而为的机构，虽然执政党往往在众议院占据优势。

与传统意义上的外交政策不同，中澳 FTA 涉及澳国内许多行业的核心利益，因此也在议会获得了空前的注意力。议会大厦见证了许多针对该协定的主要辩论，工党对劳动力测试的争议，主要也是在议会的质询时间提出的。

议会对 FTA 的干涉还体现在 FTA 签订以后。澳大利亚贸易与投资部部长 Andrew Robb 将协议内容和国家利益分析报告一起提交到议会，议会的 JCT[①] 与参议院的外交、国防、贸易常务委员会（JFADT）[②] 都要对 FTA 条款进行审定。但是，这些机构的作用在于审查，并没有最终的决定权。因此，整体而言，议会对 FTA 的签订虽可发挥影响，却不具有决定性作用。

**二　利益因素的影响**

（一）国家经济利益

国家经济利益是澳大利亚政府最终与中国签订 FTA 的主要动因。进入 21 世纪，中国快速崛起的巨大资源需求，刺激两国关系迅速拉近。2009 年以来，中国连续成为澳大利亚最大贸易伙伴、最大出口目的地、最大进口来源国。在 2009 年以来的全球金融危机中，澳大利亚能够免于经济衰退，也被普遍视为是中国因素使然。中澳 FTA 的签订，有望延续这种良好势头。

从澳大利亚与其他亚洲国家签订 FTA 以后的情况来看，其主要获得的经济利益是外国直接投资的大幅增长，尤其是来自亚洲新兴经济体的对外直接投资。

FDI 是国际通用的跨国投资衡量标准，包含在投资目的地设立或兼并公司、直接参与公司经营管理等。通过分析澳大利亚与美国等其他亚太国家签订 FTA 前后的双边 FDI 情况，可以发现两个要点[③]：首先，FTA 的签订极大地提高了双边 FDI 的投资量，澳大利亚越来越受到 FTA 伙伴国资本的追捧，逐渐成为这些国家的重要投资地（参见图 6—1）。其次，尽管美澳两国双向的直接投资量从 6420 亿澳元拉升到 1.3 万亿，但从 2002 年至 2012 年，美国和英国对澳大利亚的 FDI 在其总 FDI 份额中只增长了 0.5% 和 1.8%。而在同一时间内新加坡、日本和韩国对澳大利亚的直接投资在其总 FDI 份额里分别增加了 2.5%、5.5% 和 2.2%。这在某种意

---

① 该机构在第三章中已详细介绍。
② 同上。
③ 与澳大利亚签订 FTA 的国家多达 10 个，本书选取美国、新加坡、日本和泰国作为签订 FTA 前后双边 FDI 情况作为比较对象，因为这四个国家对澳大利亚 FDI 投资份额大并且与澳大利亚签订 FTA 的时间较长，将更有利于比较研究签订前后双边 FDI 的变化。

义上说明与澳大利亚在地缘关系上更为接近的亚洲经济体,在签订 FTA 后更倾向于对澳大利亚直接投资,换言之,澳大利亚的传统盟友美国和英国对澳直接投资的积极性逊于亚洲经济体。

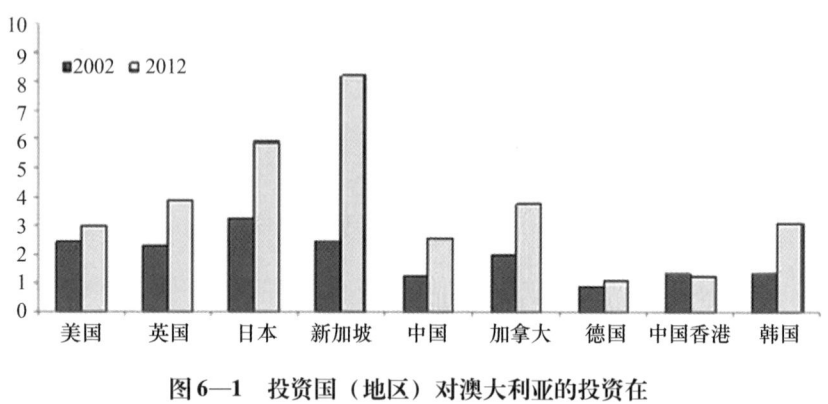

图6—1 投资国(地区)对澳大利亚的投资在其本国(地区)对外投资中的比例① (单位:%)

随着近年来澳大利亚政府与各亚洲国家频繁签订自由贸易协定,澳大利亚的对外经贸往来也愈发向亚洲各经济体倾斜。表6—1将同时期的全球 FDI 增长率作为双向 FDI 的对比参照,比较澳大利亚与美国、新加坡和泰国签订 FTA 所导致的双向 FDI 的变化,得出以下结论:根据表6—2所显示的数据,澳大利亚与亚洲新兴经济体签订 FTA 后,两国间的双向 FDI 呈现大幅上涨趋势,尤其值得注意的是泰国的对澳投资在10年间增长了88倍,从5200万澳元飞涨到46亿澳元。与之相反,在金融危机和由其所导致的西方各国经济发展停滞不前的情境下,② 美澳 FTA 的签订也没能扭转两国双边投资发展缓慢的颓势。总体而言,澳大利亚对亚洲新兴经济体对外投资的吸引力在签订 FTA 后呈现出大幅增长的趋势,澳大利亚的对外投资总额也在逐渐从欧美各国转向亚洲国家。正因如此,

---

① UNCTAD, "UNCTAD 2014 Bilateral FDI investment report", http://dfat.gov.au/about-us/publications/Documents/aus-position-global-and-bilateral-foreign-direct-investment.pdf,上网日期:2016年6月10日。

② Anup Shah, http://www.globalissues.org/article/768/global-financial-crisis。

澳方判断，中澳两国在签订 FTA 后的双向 FDI 有望大幅提高。

表 6—2　　　　与澳大利亚签订 FTA 前后直接投资增长率的比较①

| 国家 | FTA 生效时间 | 2003—2013 年该国对澳大利亚直接投资增长率 | 2003—2013 年澳大利亚对该国直接投资增长率 |
| --- | --- | --- | --- |
| 美国 | 2005 年 1 月 1 日生效，2004 年签订 | 78% | 17% |
| 新加坡 | 2003 年签订并生效 | 491.8% | 214.18% |
| 泰国 | 2005 年生效② | 8817.3% | 305% |
| 2003—2013 年全球所有国家获得的 FDI 增长率 | | 2003—2013 年全球所有国家对外 FDI 增长率 | |
| 166.28% | | 162.24% | |

除此以外，DFAT 在启动 FTA 谈判之前对中澳 FTA 做了可行性研究，根据当时的独立经济模型（Independent Economic Modeling）得出结论，该协议的签订将为两国经济产出的增加和就业率的提高作出巨大贡献。根据此项研究，DFAT 宣称，如果中澳 FTA 能够在 2006 年签订，从 2006—2015 年，澳大利亚 GDP 的 PV 值将提高 240.4 亿澳元，而中国将提高 869 亿美元③。另一项由澳大利亚商业和工业局主导的建模也显示，

---

① 数据来源于 UNCTAD stat database 和 ABS cate. 5352 Australia's position in global and bilateral foreign direct investment.

② DFAT, http://dfat.gov.au/trade/agreements/tafta/Pages/thailand-australia-fta.aspx, retrieved on the 2016/1/1.

③ DFAT, Australia-China Free Trade Agreement Negotiations: Potential Benefits-Overview, http://www.dfat.gov.au/geo/china/fta/facts/overview.html, at 16 October 2016. The document adds that the "larger benefits to China reflect in part the greater gains China stands to reap from the liberalisation of its own economy. Australia has already reaped many such benefits from our own progressive economic reforms and liberalisation over successive decades".

澳大利亚的出口商都意识到了双边明显的互补关系。①

但与此同时，国家经济利益因素也促使澳大利亚对来自中国的某些投资保持警惕。例如，前几年全球大宗商品需求旺盛，作为当今世界主要的农矿产品出口国，澳大利亚在经济快速发展的同时，也滋生了资源富足国所共有的"资源民族主义"情结：一方面加紧扩大海外市场，另一方面加紧控制本国资源，以最大限度地维持自身的卖方优势。中国作为澳第一大出口目的地，当时对澳资源依赖的脆弱性高于澳对华贸易依赖的脆弱性。就澳而言，在卖方优势的情况下，中国企业投资澳公司，尤其是投资中国需求缺口较大但澳优势明显的领域，就是要由买方变为卖方，以控制价格甚而控制资源，"这无疑与澳国家利益相悖"。

这是澳中 FTA 投资条款谈判艰难的原因之一。

（二）政党利益的影响

除了经济等国家利益的考虑，政党政治利益的因素也是显而易见的。从 2005 年启动谈判到 2015 年底签订，澳大利亚对华 FTA 的谈判耗时十年，历经四位总理，在对该项政策分析时可发现，澳大利亚总理和党派在对华的自由贸易问题上都已达成共识，即欢迎中国投资；但是在细节问题上，由于不同党派的利益出发点不同而有所差异。

澳每三年举行一次大选，如此紧凑的选举节奏，使得两大主要政党皆须以民意作为决策的重要参考。而中澳 FTA 涉及敏感度较高的海外投资问题，也因此深受国内政治生态的影响。执政党不得不顾及社会舆论，迎合民众看法。因此，尽管澳已有完备的法律法规用于审查和监督外来投资，但由于公众对外来投资的负面舆论颇多，执政党往往不得不通过附加条款或修订规则来缓解舆论压力。2008 年，澳大利亚外资审查委员会出台新的纲领，将中国国企名单单独列出，审查其投资是否符合澳"国家利益"，就是一个突出的例证。

与此同时，执政党还要应对反对党的抨击或执政联盟内部的分歧。

---

① Australian Chamber of Commerce and Industry, Riding the Chinese Dragon: Opportunities and Challenges for Australia and the World: Position Paper ( submitted to DFAT ) ( 2005 ), http://www.dfat.gov.au/geo/china/fta/submissions/1NBU_06_Australian_Ch~0006.pdf, retrieved on the 2016/07/09.

第六章　中澳 FTA 签订的澳大利亚国内动因　/　119

以陆克文为例,"中国通"的标签给反对党攻击陆克文政府以有力工具,任何涉及中国的问题,都可能在反对党的煽动下成为陆克文"亲华"的罪证。在此压力下,陆克文政府对中国投资的审查格外严格,以求与中国"划清界限",中澳两国投资摩擦因而陡升,澳中 FTA 的进展也受到影响。

阿博特政府也面临类似难题。除了要应对反对党工党的抨击外,还要尽力协调与执政联盟国家党的分歧。国家党传统上代表大农场主的利益,认为"农业土地为国家关键资产""反映了国土主权",他们坚称:"即使澳中达成 FTA,农业领域的收购也要单独列出",中方也"不能享受将投资免审标准由 1500 万澳元提升至 10 亿澳元的待遇"。政治盟友的这种要求,给期盼尽快与中国达成 FTA 的阿博特政府造成诸多麻烦。

中澳 FTA 的最终签订,得益于两党的一致共识。2015 年 10 月 21 日,工党明确表示了在该问题上与自由党的一致意见,对 12 月的正式签约起到了巨大推动作用。但因为政党的代表性原因,工党党魁 Bill Shorten 同时在公开演讲中表明,他和自由党在中澳 FTA 签订的分歧在于,工党始终认为任何贸易决定都应成为让所有的澳大利亚人受益而不仅仅是一部分人获利的手段,同时 FTA 的协定并未在捍卫澳大利亚人的工作机会上提供足够的法律保障和保护。中澳 FTA 签订后,工党仍然表示,如果工党在下次大选中获胜,将重新制定一些中澳 FTA 的规则,以确保本国工人的工作机会。

在中澳 FTA 的签订过程中,联盟党坚定的支持态度和工党模拟两可的态度形成了鲜明对比。很显然,虽然 FTA 的谈判大多在工党总理任期内进行,但如果是在工党执政时期欲签订 FTA,则很有可能在劳动力市场的条约上无法达成一致;而联盟党更有可能同意相关条款的主要原因,在于其对自由贸易市场的支持。

(三) 利益集团的角逐

中澳 FTA 的签订过程,可谓是澳国内各大利益集团角逐和博弈的过程。首先,代表澳大利亚蓝领阶层的 ACTU 在 FTA 签订前期,即于澳大利亚各大媒体投入大量广告,反对 FTA 的签订,其主要原因在于,FTA 之中的劳动力市场测试。澳大利亚总理特恩布尔就曾这样指责工党领袖，他认为工党反对 FTA 的原因是因为其受到了利益集团的"恐吓"："他（比尔·霍顿）只是像一个在 CMEFU①的河流里随波逐流的软木塞。"②

澳大利亚雇主联合会（简称 AMMA）认为，CMEFU 是为了自身利益而将国家利益置于不顾，并且混淆视听。

在澳大利亚，企业尤其是大型企业不仅是一支重要的经济力量，而且是富有行动力的利益集团，能够在很大程度上左右澳政府的决策。前总理陆克文 2010 年下台的直接原因，就是征收 40% 的矿业税引发矿商的强烈不满。为争取矿商的支持，后来的阿博特政府干脆取消了矿业税。因中澳 FTA 的投资条款直接涉及澳本土企业的切身利益，它们在这方面对澳政府亦具有较大影响力。

以必和必拓为例，作为全球第二大矿业集团、澳境内最大企业，必和必拓对澳社会各界的影响非比寻常。澳前财政部官员甚至曾公开表示："澳对华政策，必和必拓做主。"用他的话说，"必和必拓老总们发来的邮件在政府高层间不断被转发，甚至还被打印出来，复印上百份发到各部办公室"。2009 年初，中铝增持力拓股份失败，必和必拓"功不可没"。力拓与必和必拓同为大型矿业集团，既是市场竞争者，又是投资合作者。在中铝 2009 年 2 月向力拓提出要约后，必和必拓通过各种方式游说，让澳民众及政府相信"中铝是一家中国政府控制的国企"，"不能让中国拥有澳大利亚"。澳政府在压力下一再推迟对该收购案的裁决。四个月后，力拓单方面取消了与中铝合作，转而宣布与必和必拓成立铁矿石合资公司。"必和必拓利用政府'政策失灵'维护自身的利益，扫清了中国这个障碍"，进而影响到中澳 FTA 相关条款的谈判进程。

除上述动作外，澳大利亚利益集团在 FTA 的实际谈判中也起到了非常重要的作用。根据 DFAT 2006 年 FTA 刚启动谈判时的报告来看，澳大利亚希望 FTA 使双方的自由贸易领域能够不仅覆盖货物，还覆盖到服务

---

① CMEFU 是澳大利亚建筑、伐木、矿业和能源的工会。
② Anna, Henderson, http://www.abc.net.au/news/2015-09-23/shorten-bobs-like-a-cork-in-union-slipstream-over-fta/6797660.

和投资领域。而这一立场的建立，主要是受利益集团的影响，例如 ASR 等。①②

从谈判过程来看，影响中澳自贸协定最重要的因素，还是澳大利亚的各个行业代表。由于中澳自贸协定采取的方法是 sectoral base，即根据每一个行业的具体情况来谈判相关细则，因此在 FTA 的谈判过程中澳大利亚政府一直广泛争取各行业的意见。例如，在 FTA 第一轮谈判以后，DFAT 就开始向外界举办听证会。最后 FTA 的签订，其实是澳大利亚内部各行业之间所获得的利益达到了平衡的结果。

### 三 观念因素

观念在很大程度上影响着人们的态度和行为。作为政治人物，其态度和行为不但受到自身观念的驱动，而且要受到他所代表、所欲争取支持的民众之观念的影响。这一点在中澳 FTA 谈判的两大难点上表现得尤为突出。

首先，在接受境外直接投资方面，澳大利亚民众的观念是非常重要的一环。澳民众对来源于中国的 FDI 态度十分矛盾。2014 年 Lowy Institute Poll 民调显示，56% 的受访者认为，"政府允许了太多来自中国的投资"。这导致澳大利亚政府在制定相关政策的过程中，不得不考虑这种民意因素。2014 年 4 月，澳总理阿博特访华期间，中国领导人再次提及"期待澳方继续为中国企业赴澳投资经营提供公平环境"，阿博特对此也予以承诺。但在澳国内舆论对中国投资予以强烈关注的压力下，这一问题并未因两国领导人的期待而发生根本转变。

澳大利亚民众对中国国有企业的投资尤其抱有警惕和提防。这种心理使得在 FTA 的谈判过程中，澳大利亚政府在该问题上可谓"寸步不让"。而澳大利亚政府的态度，根植于民间对中国官方背景的资本的心理防范即"疑华"观念。正因如此，即使在中澳 FTA 签订以后，中方也只

---

① Australian Services Roudtable 是一个代表澳大利亚服务行业的利益集团。
② DFAT, "Subscriber Update on the Sixth Round of Negotiations of Services and Investment", 13 September 2006.

有私营企业才能够享受与美国、新西兰同等的待遇,而国有企业在对澳投资时的审查标准并未改变。从澳大利亚最终并未同意中国国有企业在澳投资审查标准的降低,可见澳大利亚对中国国有企业投资的焦虑并未减少,"政治正确"仍然在相当程度上影响、限制着澳大利亚政府的选择空间。事实确实如此,"疑华"观念所导致的澳大利亚对具中国官方背景的投资持特别谨慎与防范之心态,即使在中澳 FTA 签订之后,亦并未终结。

2016 年 10 月,新南威尔士州政府宣布,把电网公司 Ausgrid 50.4% 的股份出售给两家本土基金,这笔交易估值为 208 亿澳元左右。但此前澳大利亚政府却以国家安全担忧为由,阻止了新南威尔士州接受中国国家电网提出的估值约 251 亿澳元的竞购。换言之,出于对中国资本的防范,澳大利亚政府方面宁愿损失 43 亿澳元。这种价差及损失,反映了澳大利亚在公众普遍对海外投资,尤其是中国国有企业投资的抱有疑虑的情况下,敏感基础设施的所有权不得不局限在本土买家手中,令澳大利亚付出的代价,这也是观念的代价。

在"劳动力市场测试"的该协议条款上,也反映了观念的强大力量。澳大利亚曾经同智利签订过与中国相同的免除"劳动力市场测试"的条款,但那时却没有引起工党和民众的激烈反对;而当澳欲与中国签订该条款时,工党却表达了明确的反对和"强烈的担忧",并引发舆论热议。澳大利亚总理曾质疑工党的反对原因,他认为,工党的反对更多是出于"排华"思想:"我认为工党只是激进地反对中国(anti-chinese),他们早就真的应该回答为什么同样的条款可以同智利签订,他们真的是针对中国。"

要改变人的观念,有时比调整利益更难。虽然利益本身就可影响观念,但必须是确定、清晰,可以形成较大对比的利益。相信随着中澳 FTA 签订之后的实践、互动,可逐渐改变部分澳大利亚人的"疑华"心结。

# 第七章

# 澳大利亚干涉南海问题的国内动因

随着近年来美国进入所谓"太平洋世纪"和"重返亚太"战略的实施,作为美国在亚太地区关键盟友的澳大利亚,对亚太安全体系特别是地区安全秩序的构建发挥愈发重要的作用,其不仅与日本共同构成美国亚太战略的"南北锚",[①]也与亚太各国开展了广泛的多边安全合作。随着中国"大周边"外交布局的日臻完善,中国与东南亚国家和南太平洋地区的联系正不断深化,澳大利亚作为南太平洋的地区强国,很可能对中国在该地区的安全战略抉择起到举足轻重的作用。

近年来,围绕地区安全局势,中澳之间摩擦不断、关系紧张。2014年7月,澳大利亚外交部部长朱莉·毕晓普公开宣称"中国不尊重弱者"。8月,澳大利亚议员克莱夫·帕尔默发表煽动性言论,称需要保护澳大利亚不被中国侵占,并表示要站出来反对中国"杂种"。[②] 9月,中国外交部部长王毅与毕晓普在悉尼举行第二轮中澳外交与战略对话上直言:"中国也许不是澳方目前最亲密的朋友,但中方愿意成为澳方最真诚的朋友。"[③] 王毅的此番讲话,被国际舆论认为是"敲打阿博特政府",因为澳大利亚外交部部长朱莉·毕晓普2013年10月曾表示,日本才是澳

---

[①] 张秋生、周慧:《试评澳大利亚霍华德政府的均衡外交政策》,《当代亚太》2007年第4期,第13页。
[②] 《澳大利亚辱骂中国"杂种"议员帕尔默两次道歉》,《环球时报》2014年8月27日。
[③] 《王毅"四个尊重"谈南海问题:尊重历史才能谈法规》,《人民日报》(海外版)2014年9月9日。

大利亚在亚洲的"最亲密伙伴"①。王毅外长还在会上提出"四个尊重"，暗示澳方不要介入南海争端。但是，中方的劝诫并没有阻止澳大利亚插足南海问题。继2015年11月上旬美国B-52轰炸机飞越南海上空之后，11月25日至12月4日，澳大利亚的一架军机也在南海上空进行了巡逻飞行。面对中方的强烈不满，澳大利亚国防部长玛丽斯·佩恩针锋相对地表示，澳大利亚不会停止在南中国海上空的巡逻飞行。②

这一系列事件凸显了中澳关系的核心难题：两国政府迫切希望在各领域——尤其是经济问题上——保持密切合作，但同时又在安全领域存在战略互疑。澳大利亚担心中国在南海地区的军力增长及所谓的"中国威胁"，中方也对澳大利亚未来在亚太地区的角色定位及其与美国、日本和南海周边国家的密切联系心存疑虑。鉴于南海问题的特殊性及其现实热度，本章在分析澳大利亚南海政策的国内动因之前，特对澳大利亚整体的国家安全战略作剖析。

## 第一节　澳大利亚安全战略特征

### 一　强调制衡威胁而非制衡实力

从澳大利亚国家安全战略的演变过程中可以发现，与作为既存国际秩序主导者的美国不同，澳大利亚在当前更强调对于自身安全威胁的制衡而非域外大国实力的平衡，这一特征在冷战结束后表现得愈发明显。

在依附于英国的漫长岁月中，澳大利亚的外交和国防政策坚定追随英国，实际采取所谓"离岸平衡"战略。③例如，澳大利亚在两次世界大战中都与德国作战，虽然德国并没有对澳大利亚的安全构成直接威胁。当时，澳大利亚认为：殖民地对英国的忠诚"不是忠于某个方面，而是

---

① 《澳外长称日本是最亲密伙伴 将保持和中国合作》，《环球时报》2013年10月16日。
② 《澳扬言不会停派军机巡逻南海 中方警告勿横生枝节》，参考消息网，2015年12月18日，http://www.cankaoxiaoxi.com/china/20151218/1030718.shtml。
③ "离岸平衡"和"离岸平衡手"概念最早由美国国际关系学者米尔斯海默在《大国政治的悲剧》一书中提出，其核心要点是域外国家保持欧亚大陆上各国力量的平衡，避免单一势力主导欧亚大陆，以此确保域外大国的本土安全与对世界的领导力。

全面忠于英国的理念和生活方式"①。因此，澳大利亚对即使与本国安全无关的欧洲权力平衡问题也保持了足够的警惕性，在安全战略紧随英国的同时，也在事实上充当了欧洲政治秩序的"离岸平衡手"，甚至将本国陆海军的大部开赴欧洲和中东，交给英国指挥作战，而置与自身命运攸关的亚太地区于不顾。

这一安全理念在太平洋战争爆发后大幅转变。面对英国的衰弱和日本对澳本土安全的严重威胁，澳大利亚不得不转而追随美国，将目光聚焦于亚太地区特别是西南太平洋。战后初期，澳大利亚虽然遵从了美国的"前沿防御"和多米诺骨牌理念，积极派兵参与朝鲜战争和越南战争，但并未重拾"离岸平衡"战略，而是始终将战略重心放在亚太地区，通过依附美国和积极开展多边安全合作，确保对外部威胁的有效制衡。随着冷战的结束、亚太经济的发展和澳"中等强国"理念日臻完善，澳大利亚愈发关注本地区安全，强调自身实力建设，聚焦于本国的现实利益。出兵阿富汗和伊拉克更多地也是出于应对恐怖主义的直接威胁、捍卫本土安全的需要。②

## 二 具有浓厚的安全依附性和多边安全依赖性的双重特点

研究澳大利亚国家安全战略，至今绕不过一个长期争论不休的话题：澳大利亚是否能够独立自主地执行其外交和安全政策？从澳安全战略的历史演变看，澳大利亚在安全问题上的依附性由来已久。在建国后相当长的时期内，澳大利亚防务基本依附于宗主国英国，唯英国马首是瞻，直到第二次世界大战，澳大利亚也没有自身清晰的安全政策。战后至今，澳大利亚又转而依附美国，将澳美同盟作为其国家安全战略的基石。这种依附性的主因在于，澳大利亚是一座远离欧亚大陆的大孤岛，茫茫大洋阻隔了澳大利亚与西方世界的联系，造成以白人移民（特别是英裔）为主的澳大利亚浓重的隔阂感和孤立感。这种特殊的地缘环境加上相对

---

① ［美］斯蒂芬·沃尔特：《联盟的起源》，北京大学出版社2007年版，第39页。
② 2002年10月12日，88名澳大利亚游客在恐怖组织"伊斯兰祈祷团"所发动的巴厘岛爆炸攻击中身亡，澳大利亚举国震惊，被称为"澳大利亚的9·11"。

稀少的人口和孱弱的重工业，使澳大利亚难以独自承担保卫国土安全的重任，也使其认识到海洋和海权（Maritime Power）作为维系他们与世界其他地区联系纽带以及对其自身安全的重要性。[1] 因此，从1901年建国至今，澳大利亚在历史上大部分时期内都忠诚地追随掌握海洋霸权的西方大国。

值得注意的是，澳大利亚依靠自身努力，通过多边安全合作确保本国安全的尝试同样由来已久。[2]

### 三 以"中等强国"为国家身份导向的安全战略自主性

一国制定对外战略的基本出发点是对其在国际社会中的身份界定，也是理解和分析特定国家对外行为逻辑的基本参照系。1945年4月，时任澳外长的伊瓦特提出用"中等强国"来形容包括澳大利亚在内的对于地区安全有着重要影响力的国家，前文已述的针对本地区威胁所采取的种种多边安全合作举措和冷战后澳大利亚寻求融入亚洲的努力，正是这一理念在不同历史阶段的实际体现。经过二战的洗礼，澳大利亚对亚太事务和战后国际秩序进行了深入思考。在对战后大国主宰国际关系深切担忧的基础上，澳大利亚决定通过自己的努力提高在国际政治中的地位，使大国无法完全主导自身命运，以免再次发生太平洋战争中日军兵临城下的险恶局面。

这一理念的突出表现是澳国家安全战略自主性的增强。一方面，澳美双边关系对澳大利亚的国家安全和国际地位固然至关重要，但作为全球霸权国的美国，其自身的国家定位和战略着眼点与澳大利亚迥然有异，其所采取的许多外交与安全政策，对澳大利亚的现实国家利益帮助有限，甚至可能使澳大利亚深受其害。2008年爆发的金融危机给澳大利亚造成

---

[1] David Stevens, *Martime Power in the Twentieth Century*: *The Australian Experience*, Allan & Unwin, 1998, p. 1.

[2] F. A. Mediansky, *Australian Foreign Policy into the New Millennium*, Macmilan Education Australia Pty Ltd, 1997, p. 191.

的损失，正是这一矛盾的产物。① 另一方面，随着亚太经济的突飞猛进和中国及其他新兴势力的快速崛起，澳大利亚国家安全战略的顺利推行绝不可能仅依靠与美国的紧密双边关系就能实现，澳大利亚政要也在各个历史时期多次表示要融入亚洲，根据自身现实利益加强与亚洲各国的经贸往来和安全合作。

总体而言，虽然澳大利亚政府在不同时期对于中等强国的侧重点有着不同的理解，但中等强国的定位是历届澳政府制定安全战略时的重要依据，即便是将西方价值观作为澳大利亚立国之本的澳大利亚前总理霍华德，也在他漫长的任期内六次访问中国。

## 四 西南太平洋和印度洋方向的双向性

澳大利亚位于太平洋和印度洋之间，这一面向两洋的特征也深刻影响着澳大利亚的安全战略抉择。冷战期间，澳大利亚与印度虽然同为英联邦成员国，但由于分属不同阵营，双边关系并不亲密，印度洋地区并非澳大利亚安全战略的重点。冷战后，随着印度综合国力不断增强及其"向东看"战略的出台，印度洋地区政治格局出现深刻变动，澳大利亚的印度洋战略也开始随之调整。

1994年8月，时任澳大利亚外长的埃文斯宣布将采取"向西看"（Look West）战略，寻求印度洋国家和地区的经贸合作；1997年，由澳大利亚、印度和南非等印度洋沿岸国家组成的环印度洋合作联盟成立，这是整个印度洋地区第一个大型区域经济合作组织。近年来，澳大利亚与印度洋沿岸国家的经贸往来稳步增加，相关数据显示，仅澳大利亚西部地区与环印度洋区域合作联盟的双边贸易数额即从2007年的70亿澳元上升为2009年的290亿澳元。② 另外，澳大利亚三分之一的海上专属经济区在印度洋，其煤炭、铁矿石和天然气等资源的外运相当大部分途经印度洋。因而，澳大利亚在印度洋地区也有许多投资和贸易需要保护，

---

① 鲁鹏：《在理想和现实之间——从澳大利亚外交战略看澳大利亚南海政策》，《亚太安全与海洋研究》2015年第4期，第11页。

② Sergei DeSilva-Ranasinghe, "The Indian Ocean Region and Australia's National Interests", *Future Directions International*, p. 6.

目前澳大利亚已将皇家海军三分之一的力量部署于印度洋地区。

由于印度洋海域宽广，沿岸国家并没有成熟的安全合作机制，航行在印度洋上的货船和油轮极易受到海盗和恐怖分子的攻击。[①] 针对这一问题，澳大利亚也在积极开展多边合作。当前，环印度洋合作联盟已经发展为多边合作平台，中国、日本、英国、法国和埃及都是该组织的对话伙伴，索马里海盗问题更是成为2009年在也门召开的第9届部长理事会会议的中心议题。

但是，由于澳大利亚与印度洋区域的大国印度之间存在战略理念、战略目标和战略基础方面的显著差异，澳大利亚的印度洋战略任重道远，在短时期内取得突破性进展的可能性较小，其安全战略的重心仍然会在西南太平洋地区。

## 第二节　澳大利亚针对南海问题的政策

### 一　澳大利亚为何卷入南海问题

澳大利亚是南海问题的域外国家，在国际法惯例中，域外国家一般不参与域内争端。但是，澳大利亚在南海问题上却表现出空前热情，与英国和欧洲其他大陆国家保持中立的态度相比，澳大利亚在南海问题上有着明确的立场。在所谓的南海仲裁结果出来以后，澳大利亚是第一个发表支持决议结果的国家。

澳大利亚作为域外国家，为何积极参与南海问题？其中重要的原因在于外部因素通过影响国内政治政策间接影响对外战略。首先是美澳同盟对其的期望和要求。为制衡中国崛起，美国提出"重返亚洲"战略。根据这一战略，2009年以来，美国在南海问题上采取了一系列举措。但因为其本土距离亚洲遥远，在该地区缺乏类似欧洲北约的多边同盟支持其战略实施，面对综合实力和国际影响力与日俱增的中国，"在霸权优势下降时，美国更期望牢牢抓住同盟体系这项冷战红利"，通过强调同盟义

---

① Kamlesh K. Agnihotri, "Protection of Trade and Energy Supplies in the Indian Ocean Region", *Maritime Affairs*, Vol. 8, No. 1, Summer 2012, p. 14.

务,约束同盟行为,一致"抑制潜在崛起国家的战略空间"。美国前国务卿希拉里在《美国的太平洋世纪》一文中坦言:"我们的盟友日本、韩国、澳大利亚、菲律宾以及泰国,是我们重返亚太战略的支点(Fulcrum)。"美国开始其战略调整后,高调介入南海问题,并将同盟国就南海问题的表态与行动作为验证与其同盟关系性质、程度的"试纸",推动南海问题的国际化和阵营化,构建美澳日菲等一致对华的"阵线"。而澳大利亚除了美国同盟的身份外,其得天独厚的钳制东亚的"南钳"战略位置,以及在南海事务中"虽有利益,但无纠纷"的相对超然身份,都使其成为美国落实战略不可或缺的支点选项。一方面,美国以强化同盟安全承诺,提供军事援助,以及共享价值观、文化等共同点游说澳大利亚与其统一立场,参与南海事务;另一方面,美国以"中国威胁论"向澳大利亚施压,宣称中国在南海呈进攻态势,迟早会威胁澳大利亚。因此,澳大利亚参与南海事务很大程度上是基于对美国实力的分析预测,冀望配合美国战略调整并插手南海事务,借此进一步强化美澳同盟。

其次,南海域内小国的要求。东南亚各国本身十分弱小,在世界政治舞台上单个国家的诉求很难得到满足,成立一体化组织——东盟,成为东南亚国家的重要选择。继而在东盟框架内成立东盟地区论坛、东亚峰会等地区性经济和安全组织,通过"大国平衡"来实现自己的目的。由于东南亚地区是当今世界各主要大国权力扩展的重要地区,也为东南亚各国通过东盟这一平台进行"大国平衡"来达到左右逢源、最大限度地维护自身利益提供了现实条件。东盟通过自身主导的东亚峰会、东盟地区论坛等一系列组织获益匪浅,邀请澳大利亚等域外大国积极参与东南亚事务,符合东盟的战略发展要求和东盟国家利益。东盟和"部分南海声索国"的欢迎,也是澳大利亚积极介入南海地区争端的重要原因。

## 二 澳大利亚在南海问题上的立场和态度

首先,澳大利亚对南海问题的关注度是逐年上升的。近年来,澳大利亚在南海问题上的立场日趋强硬,与工党执政期间的南海政策形成对比。在陆克文和吉拉德执政时期,澳大利亚政府的南海政策总体而言比较克制,其基本立场主要包括三方面:相关各方遵守国际法、维持现状以及实现南海行为准则。总的说来，这个时期澳大利亚的政治家倾向于将南海问题视作中国和东南亚国家间的纠纷，而澳大利亚则是并无直接关系的第三方。因此，当时澳大利亚政治家在讨论南海问题时，极少涉及具体行动，大多数情况下只是口头提倡澳大利亚所理解的南海行为准则。但随着中美关于南海问题争论日趋激烈，美国借助南海问题制衡中国的战略也进一步明确。具体来说，就是"从原来的'选择性干预'转而采取'战略性干预'"，即综合利用美国的外交、军事和运用国际法的优势，推动南海局势朝着对美国有利的方向发展。显然，作为美国"重返亚太"政策第一战略要冲的澳大利亚，就是美国欲积极调动和驱策的优势因素之一。

虽然整体而言，澳大利亚积极响应美国对南海问题的域外干预要求，但这种域外干预的程度和性质又可被进一步细分为两个阶段，即2016年7月12日海牙临时法庭对所谓的南海仲裁案做出"最终裁决"之前与之后。所谓的南海仲裁前，澳大利亚政府抱持两端，在紧紧追随美国的同时，随时回望中国。一方面强调澳大利亚是南海问题的利益攸关方，南海地区的"航行自由"（Freedom of Navigation）关乎澳方切身利益；另一方面也一再宣称，在南海主权归属问题上，澳大利亚不"选边站"，其对中国的顾忌显而易见。正如澳大利亚总理特恩布尔所言："我们的国家利益要求我们，确实同时做到（而不是说说而已）华盛顿的盟友和北京的好朋友。"

即使在对"航行自由"这一概念的表述上，澳大利亚似乎也有意选择了与美方保持一点距离的态度。航行自由是国际习惯法中的一个原则，即除了国际法规定的例外情况外，悬挂任何主权国家旗帜的船舶都不应受来自其他国家的干扰。该权利已被《联合国海洋法公约》第87（1）a条加以法典化。但是，该公约并未获得全部联合国成员国批准。例如美国，虽签署了该公约，却从未批准。

澳大利亚对"航行自由"的表述似有意趋于抽象而非具体。据澳大利亚媒体澳大利亚广播公司（Australian Broadcast Corporation）2016年2月公布的一份澳大利亚外交部内部文件显示，澳大利亚政府对南海自由航行权的理解是："不受阻碍的贸易以及航行和飞行自由（Unimpededtrade and freedom of navigation and over flight）。"而相比之下，美国对于南海的自由航行则有着更多的具体要求。美国战略与国际研究中心（Center for Strategic and International Studies，CSIS）和布鲁金斯学会（Brookings Institute）曾专门撰文解释美国对航行自由的定义，从美国前国防部长卡特的公开表态中，也可看到对南海航行自由的详细解释。简言之，美国所谓的航行自由，在南海涉及两个颇具争议的问题：一是岛（Islands）和礁石（Rocks）的界定，二是独立礁石的领海（Territorial Sea）界定。很明显，澳大利亚试图在美国和中国之间保留一些回旋余地。在一些关键概念上，澳大利亚积极寻求新的解释空间。澳大利亚虽然认同美国的宏观理念，但并不急于在有争议的细节和技术问题上提出自己的解释。

但在"南海仲裁"结果出来之后，澳大利亚的态度有了显著变化。它不仅第一时间宣布支持仲裁结果，宣称中国"必须"执行，还参与签署了美日澳三国外长的联合声明。这种态度的骤变，不仅是其对外部环境变化的因应，更说明澳大利亚在目前的外交立场上得到了更多的国内支撑。

## 第三节　澳大利亚政府对南海问题态度的国内成因分析

如前所述，澳大利亚的国家安全战略具有安全依附性和多边安全依赖性的双重特点，但这两个特点，比重是不同的。前者即对美国的安全依附，是澳大利亚行之数十年，并且在实践中卓有成效的成熟战略；后者只是近年来随着实力增长以及因应外部安全环境变化而作出的新探索。作为一个遵循威斯敏斯特体系的典型西方民主国家，澳大利亚的对外政策具有相当的稳定性，其国家安全战略上对美国的依附亦然。因此，在包括南海在内的安全战略的选择上，美国的立场、要求和影响，显然是第一位的。

但是，这并不意味着国内因素无关紧要。在国际政治层面，国家利益是外交政策的最高目标；在国内政治层面，外交政策形成的过程则是国内各利益集团角逐的过程。由于澳大利亚是一个奉国家利益为最高原则、有着现实主义外交传统的国家，其主要政党均赞成淡化意识形态色彩、以实用主义作为行动原则，所以澳大利亚的政治决策在很大程度上都是以利益作为出发点的。由于南海议题使澳大利亚置身于多重利益的旋涡，在可以影响政治决策的国内诸多动因之中，国家利益对政治决策的影响更为凸显，以至于其他诸如历史传统、主流观念和政治制度等因素，只能作为决策的背景存在。这也是澳大利亚的南海政策在"附美"基调不变的情况下，表现得左右摇摆、前后起伏的原因。

如前文所述，自二战开始，民族国家利益至上的现实主义原则逐步在澳大利亚对外政策中确立。二战后，澳大利亚的外交和亚太政策更带有典型的现实主义色彩。对国家利益的精于算计以及不遗余力地追求国家利益，成了澳大利亚外交的重要准则。按照本书第四章对国家利益的划分，以下具体从经济利益、安全利益和政治利益这三个方面，剖析澳大利亚南海政策的国内成因。

### 一 决策背景：历史传统、制度和观念

澳大利亚四面环海，海上的威胁一直是澳大利亚安全的重点防范对象。自澳大利亚建国，唯一一次被从北面海面入侵就是1942年2月19日，日本空袭达尔文[①]，在之后的几个月，日本的潜艇时常偷袭澳大利亚东海岸的沿岸城市和海港，甚至到达悉尼，[②]因此澳大利亚非常重视其海上安全，尤其是与之隔海相望的东南亚地区的安全。第二次世界大战以后，澳大利亚意识到曾经跟随英国称东亚为远东是非常不准确的，对于英国的远东，则是澳大利亚的"近东"，基于这样的认识，澳大利亚开始积极参与亚洲事务，对东南亚的安全问题尤为关心。

与经济政策不同，安全政策虽然事关国家兴亡，但是议会在澳大利亚南海问题的立场上能施加的影响是有限的，原因有三，首先，正如在

---

① 澳大利亚北领地首府。
② Australia under Attack，http://www.ww2australia.gov.au/underattack/，上网日期：2017年2月16日。

第三章中提到，澳大利亚议会缺乏美国国会在外交政策中享有的正式权力，对南海问题的立场和意见不具备强制性而只是建议性。其次，选举制度下的议会议员其根本利益是得到本选区人民的拥护和支持，而南海问题远离民众的紧迫的切身需求，因此并不是议员吸引民主支持的重要议题。最后，由于南海问题涉及国防军事较多，而澳大利亚政治制度下，国防部和情报机构的重要信息和资源都由内阁部长或总理内阁部（Department of PM&C）掌握，这些机构的报告都直接提交总理或内阁，议会没有权限直接获取，需要经过总理或者内阁的转达，因此其决策过程中的信息往往是经过总理或内阁筛选过滤的二手资料，所以议会在该问题的发言权被大大削弱。

## 二　国内利益因素

### （一）国家经济利益的权衡

如前文所述，由于制度方面的原因，总理是由下议院占多数席位的政党党魁担任，对澳大利亚任何一个政党而言，其至高利益莫过于在大选中胜出成为执政党，或保持执政党地位。因此，当澳大利亚的政要在考虑对外政策时，最大的影响因素是民众的反应，因为民众的认可是其能否实现连任的关键。所谓"竞选靠口号，执政靠经济"，民众对政策的关注，更多是关注其对当地经济的影响，也即民众本身的切身利益。所以，经济利益对澳大利亚南海政策的制定具有非同寻常的影响。

澳大利亚在南海问题上的经济利益，主要包含现阶段互有冲突的两个方面：一是南海本地区资源以及南中国海作为海上航线对澳大利亚的重要性；二是第一大贸易伙伴中国对澳大利亚经济成长的重要性。

南海航线安全已被澳大利亚视为"国家利益"。澳大利亚农牧业发达，自然资源丰富，号称"骑在羊背上的国家""坐在矿车上的国家"和"手持麦穗的国家"，是世界第九大能源生产国。作为一个贸易立国、产业发展不平衡的国家，其以矿产品、畜牧产品和农产品为主要出口产品，以原油和石油产品、客车及货车、机械和运输设备、计算机和办公设备等为主要进口商品，海运贸易在国家经济中占据重要位置，近80%的出口和70%以上的进口通过海运。联合国贸易和发展会议组织出版的2014

年《海运述评》显示，2013年，澳大利亚铁矿石出口占全球出口量的49%，主要目的地为中国等东亚国家；煤炭出口量占全球32%，主要目的地也是中国等东亚国家。2015年11月，澳大利亚外长毕晓普表示："澳大利亚三分之二的贸易要经由南海，因此现在澳大利亚在南海有着深厚的国家利益。"

南海地区蕴藏的石化资源，对澳大利亚经济亦有着"弥补短板"的意义。澳大利亚虽拥有较丰富的石油及天然气储藏量，但其炼制能力不足，且炼制企业主要分布在东部及东南部，西北地区严重依赖自新加坡、日本、韩国进口的成品油，以及马来西亚、沙特阿拉伯等国的原油。21世纪以来，澳大利亚成品油年均进口量以2%以上的速度持续增长，进口石油依存度在2008年达到44%，近年来仍不断增加。因此，参与南海资源深度开发，是澳大利亚在南海地区的又一重要经济利益。南海地区蕴藏各种丰富的战略资源，其中石油和天然气已探明储量可观。如果能参与南海地区的石油开发，澳大利亚就可降低对海外石化产品进口的依赖度，且可有效调整国内石化行业的不平衡发展。目前，澳大利亚的必和必拓集团（BHP Biliton）已获得在南沙群岛附近一个争议海区进行勘探的权利。

中国对于澳大利亚的经济意义更不待言。近年来，正是由于中国经济高速发展所带来的旺盛需求，刺激了澳大利亚资源出口的持续增长，拉动其国内就业率，使其避免了类似欧美国家的经济下滑困境。从2010年起，中国已取代日本成为澳大利亚最大的贸易伙伴，中澳贸易额突破1000亿澳元大关。2015年6月，中澳两国缔结自由贸易协定，进一步加深了经济上的相互依赖关系。2015年6月29日，澳大利亚与其他56个意向创始成员国代表在北京签署《亚洲基础设施投资银行协定》，使中澳经济合作多少具有了政治含义，而且是与中美亚太竞争有关的政治含义。

因此，澳大利亚需要在两种相互冲突的经济利益之间作出权衡。南海地区资源以及南海作为海上航线的重要性，促使澳大利亚赞成南海维持现状、避免域内出现"一强独大"局面。为此，澳大利亚必须支持遏制域内最强大的利益攸关方——中国，支持域外强国美国的南海立场以作为制衡。但其与最大贸易伙伴中国的经济联系，又使其必须避免触怒中国，甚至需要尽可能地帮助中国。正是这种战略纠结，使澳大利亚在南海仲裁结果出来以前，虽"原则上"站在美国一边，却大多是采取口头表态、少见实际措施，口惠而实不至的方式，以避免真正触怒中国，尽可能兼顾经济上的多种利益。

（二）国家安全利益的强烈驱动

国家安全利益是澳大利亚在南海问题上最终以"赞成遏制中国"作为基本立场的主要国内动因。

在国家利益构成的诸要素中，安全利益居于基础与核心地位，是决定国家战略关系性质的首要因素。对任何国家来说，保证自身的生存是首要的对外战略目标，而南海所处的东南亚地区，正是澳大利亚安全防范的主要区域之一。

澳大利亚认为，在从北部亚洲到东印度洋之间的亚太广阔区域，澳大利亚有着持久的战略利益。这其中，东南亚地区的稳定对澳大利亚的安全至关重要。这是因为："在战略上，我们（澳大利亚）在东南亚的邻居地跨我们北部的门户。为了持续部署力量来对抗澳大利亚，敌对势力将会操控这一门户。一个稳定而团结的东南亚将会减弱这种威胁。"目前，"为了防范可能来自北部海岸的入侵"，澳大利亚海军已经将"战略防御重点由东部和南部改到北部和西部"。[①] 为此，澳大利亚海军在北部海岸配置了警戒雷达体系、在北部海区的重要水域和水道布设了海底声纳基阵、加强了北部海区的海上巡逻，而澳大利亚的海军舰艇也以北部和西部为防御重点配置了"三级保卫网"。与此同时，澳大利亚还通过海军出访、联合军事演习、军事人员交流与培训等方式，密切了同东南亚国家以及中国的军事合作，以保持自己在东南亚地区的军事影响。南海地处东南亚核心区域，如果南海海域出现动荡局面，整个东南亚地区都将受到波及。届时，与东南亚毗邻的澳大利亚亦难独善其身。因此，保持南海海域的稳定是澳大利亚的重要安全利益之一。

---

① Department of Defence, Defending Australia in the Asia Pacific Century: Force 2030, http://www.defence.gov.au/whitepaper/docs/defence_white_paper 2009.pdf, p. 12.

此外，正如澳大利亚外长朱莉·毕晓普在与美国的安全峰会上所言，南海地区的航行自由亦是澳大利亚重要的国家安全利益。澳大利亚在对外贸易中，主要出口铁矿石、煤炭、农产品等大宗商品，需要通过海上运输才能实现。2010年澳大利亚与中、日、韩三国的贸易额占澳对外贸易总额的比重分别为19.1%、12%和5.4%。这些澳大利亚的主要贸易伙伴均集中于亚太地区，与这些国家进行大宗商品贸易只能通过海上运输的方式进行。由于南海地区贴近大陆边缘，有利于节约运输成本、保证运输安全，因此，南海航道成为澳大利亚与以上国家进行贸易的首选航线，对澳大利亚有着极其重要的经济安全作用。"如果该贸易通道出现混乱或被切断，那么澳大利亚的经济发展也必将陷入困顿。"因此，《澳大利亚国家安全战略报告》和2013年版国防白皮书指出，为达到中等强国的国际定位，澳大利亚在制定国家安全战略和防务政策时，必须考虑四项重要战略利益：第一，维护澳大利亚本土安全，这是澳国家战略安全的根本；第二，维护南太平洋和澳大利亚周边海域的安全与稳定，这一区域被认为是澳大利亚传统势力范围，这一区域连同本土安全被视为澳大利亚"核心利益"所在；第三，印太地区，这一地区对澳国家经济和安全都有重要利益，特别是包括南海在内的东南亚地区；第四，建立安全稳定的国际秩序。白皮书认为，澳大利亚在南海和印度洋，尤其是在海上运输线的安全问题上，具有重要的安全利益，这一利益仅次于澳大利亚本土安全和国土周边海域安全的"核心利益"。

无论是从维护南海海域的稳定，还是从保护南海贸易航线安全考虑，澳大利亚都不会希望南海地区完全由中国这一域内大国控制。疑亚主义的历史传统，更加剧了澳大利亚的这种倾向。在2009年发布的题为"在亚太世纪保卫澳大利亚：2030年军力"的国防白皮书中，澳大利亚专门就中国军事力量的发展进行了论述，认为"中国将发展一支与其规模相适应的、全球性的军事力量。但是，如果中国不能对其军事计划进行详细解释，同时也不能为建立信任而与其他国家就其军事计划进行沟通，那么中国军事现代化的步伐、规模和结构将有可能使其邻国有理由产生疑虑"。该白皮书虽未直接将中国列为澳大利亚的现实对手，但是其背后却隐含着视中国为潜在威胁的意味。就南海问题而言，澳大利亚认为中国的"海上武断行为"将引发"同邻国甚或美国的冲突",这实际上就是将中国视为一个潜在的安全隐患。

防范"敌对势力"控制东南亚是澳大利亚的重要安全利益。澳大利亚虽然没有公开言明"敌对势力"有可能是哪个国家,但是考虑到意识形态、地缘政治、国家力量、历史等因素,澳大利亚对中国的防范将会更多一点。对澳大利亚来说,如果中国"控制"南海,进而掌控整个东南亚,其在安全上将陷入被动。所以,澳大利亚主张维护南海地区现状、确保航行自由,反对单方面作出改变,对中国正当的南海岛礁建设予以指责和抗议,并联合其他域外国家一起向中国施压;近年来更积极军事介入或参与南海地区争端,试图压制中国在南海的正当管理活动。

澳大利亚在南海问题上的立场及其态度变化,符合其一贯的国家安全战略。作为一个中等强国,澳大利亚在国际社会中无法成为"逆"流而为的国家,需要通过对某一超级大国的依附和追随,来完成自身的外交目的;通过与某超级大国的结盟,来对抗与其利益不符的其他大国。由于澳大利亚在目前的国际秩序中是受益者,在南海问题上他也倾向于维持现状。2015年澳大利亚国防部长安得鲁·韦伯（Andrew Webb）在新加坡的一个安全会议上讲道:"澳大利亚在此问题上明确地反对任何改变中国南海和东海现状的强制行为和单边行为。"[1] 韦伯用了"status quo"一词,该词在英语当中表达的就是"一种已经维持很久的现状",这也是澳大利亚在南海问题上的核心关注。澳大利亚最关心的是,如果现状不能维持,整个地区的和平将不复存在。而此地区的和平事关澳大利亚的国家利益。

（三）中等强国的角色定位与国际政治利益

在国际社会争取一定的话语权、发挥一定作用,这是一国追求的主要国际政治利益。澳大利亚由于制度的原因,总理在外交政策上掌握很大的决定权,相比国内政策有着更大的调整空间,对政策走向起着关键

---

[1] http：//www.abc.net.au/news/2015-06-01/australia-takes-tough-stance-against-chinas-island-moves/6510540,英文原文为：Australia has made clear its opposition to any coercive or unilateral actions to change the status quo in the South or East China Sea.

作用。这种决策过程中的相对集权，既是澳大利亚特有政治体制和政治文化的产物，亦有利于政治家个人在国际政治领域中谋求更大的施展空间，争取更多的话语权力。这种个人努力方向与澳大利亚自二战结束以来，历届政府都坚持的"中等强国"国家定位、力求在国际舞台上发出自己声音的倾向一致。近年来，随着国家力量的提升，澳大利亚渴望发挥一定政治影响的愿望更趋强烈。陆克文时期，澳大利亚进一步提出了成为"富有创造力的中等强国"的外交目标。确保自身在亚太乃至全球政治格局中的"中等强国"地位及南太平洋核心力量位置，既符合澳大利亚的国家利益，亦符合政治家的个人利益。

与超级大国不同，"中等强国"赖以发挥关键性作用的舞台主要是区域性的。对澳大利亚而言，亚太是其开展独立外交的主要区域，而东南亚则是其扮演重要国际角色的理想平台。在东南亚地区成为一个地区大国，在该地区的相关问题上拥有较大的影响力，正是澳大利亚重要的政治利益所在。因为：第一，除了大洋洲诸国外，东南亚在地理上与澳大利亚最为邻近，是澳大利亚西北安全的藩篱所在，澳大利亚西北部到东南亚有些国家首都的距离，甚至短于到堪培拉的距离；第二，不同于亚太其他地区，东南亚并不存在一个居于主导地位的大国；第三，长期以来，澳大利亚与东南亚国家一直保持较密切的政治经济关系，早在1951年，澳大利亚实行的科伦坡计划就为东南亚国家提供了大量的金融和科技援助，当时的孟席斯政府支持了新加坡和马来西亚地区的去殖民化进程，马来西亚和新加坡独立后，澳大利亚迅速与其新政府建立外交关系，1974年澳大利亚更成了东盟的对话伙伴国；第四，东南亚是近年来全球经济社会发展最迅速的地区之一；第五，后冷战时期的东盟积极推行"大国平衡"战略，欢迎包括澳大利亚在内的大国参与本地区的事务。

正由于东南亚地区对于澳大利亚有着上述重要意义，在澳大利亚外交贸易部设立的六个处理地区事务的司中，专为东南亚地区设立的就有两个，分别是东南亚海上事务司和东南亚大陆事务司。近年来，澳大利亚通过多种方式不断扩大自己在东南亚地区的影响。目前，澳大利亚无论在政治安全领域还是在经济领域，都与东盟建立起了非常密切的关系。2010年10月，澳大利亚与东盟召开了首次峰会。

南海问题不但直接牵涉东盟几个国家，而且与整个东南亚地区的安全和稳定息息相关，因而，介入南海问题可以提升澳大利亚在整个东南亚地区事务中的影响力。借助南海议题，澳大利亚迎合了部分东南亚国家"大国平衡"的需要，提升了自己作为"中等强国"在地区事务中的话语权，增加了存在感。

# 第 八 章

# 澳大利亚拒绝"一带一路"倡议的国内动因

早在 2015 年,习近平主席同澳大利亚总理特恩布尔在土耳其会面时即提出,中澳同处亚太地区,两国拥有重要的共同利益和广阔的合作空间;中国愿同澳方在互信互利基础上,深化各领域友好交流和务实合作,推进"一带一路"倡议同澳方"北部大开发"计划对接。① 2016 年初,澳总理特恩布尔受邀访问中国,习近平主席在双方会面时再次提出希望双方做好中方"一带一路"倡议同澳方"北部大开发"计划、中国创新驱动发展战略同澳方"国家创新与科学议程"的对接。② 2017 年 3 月初,李克强总理的大洋洲之行,两国在经贸等问题上达成共识,但澳大利亚正式拒绝签订中澳"一带一路"合作谅解备忘录。③目前,澳大利亚同中国在"一带一路"倡议框架的合作仅限于中澳企业能够在第三方国家合作。2017 年 11 月,澳大利亚时隔十四年再次发布外交白皮书,白皮书仅提及该倡议一次。④ 澳大利亚对"一带一路"倡议防备、犹豫的态度可见

---

① 《习近平会见澳大利亚总理特恩布尔》,新华网,2015 年 11 月 16 日,http://news.xinhuanet.com/world/2015-11/16/c_1117159099.htm。
② 《习近平会见澳大利亚总理特恩布尔》,《人民日报》2016 年 4 月 16 日,第一版。
③ Primrose Riordan, "China snubbed on road and port push", *The Australian*, 20 March, 2017, http://www.theaustralian.com.au/national-affairs/foreign-affairs/china-snubbed-on-road-and-port-push/news-story/1534e4f7de0ab0031818854d24ae0a91,上网日期:2017 年 10 月 17 日。
④ Australia and China Relations Institute, Australia and the Belt and Road Initiative: An overview, http://www.australiachinarelations.org/content/australia-and-belt-and-road-initiative-overview,上网时间:2017 年 10 月 17 日。

一斑。更有甚者,2018年2月18日,澳方媒体发布消息透露,特恩布尔将同美国总统特朗普商讨构建"一带一路"倡议的替代选择。①

澳大利亚是亚太地区重要的区域大国。一方面,它是美国在南太平洋地区最重要的军事盟友,作为美国同盟体系的重要组成部分,是观察美国在亚太区域影响力的重要介质。另一方面,澳大利亚在南太平洋地区和东南亚地区都有较强的影响力,而这两个区域是"海上丝绸之路"南线的重要组成部分,在推进"一带一路"建设的过程中,作为域内国家的澳大利亚对该倡议的态度不容小觑,影响力不容忽视。除此以外,通过研究澳对"一带一路"倡议的反应,也可管窥澳之对华政策。

"一带一路"倡议自提出以来,"一路"得到了新西兰、巴新、斐济等大洋洲国家的广泛支持,目前,新西兰敢为"天下先",已成为第一个同中国签订"一带一路"倡议合作谅解备忘录的西方国家。斐济表示,该倡议不仅将对斐济的发展提供帮助,也将有益于整个南太平洋地区的发展;巴布亚新几内亚也称,迫切希望参与"一带一路"建设。但是,澳大利亚却显得特别犹豫与防备,这或多或少会对域内其他国家造成消极影响。

冷战结束后,中澳关系发展平稳,但中澳外交却呈现经济与安全的双轨特征,典型的政冷经热。近年来,澳大利亚在对华问题上"时冷时热""左右摇摆"。澳大利亚与中国贸易往来如此密切,却对"一带一路"持谨慎、观望态度,背后原因值得深入探究。此前,亚洲基础设施投资银行(Asia Infrastructure Investment Bank,AIIB)组建之初,中国曾邀请澳大利亚作为创始成员,澳大利亚也表态拒绝,但随后又予接受。为何澳大利亚对中国提出的倡议或者是先疑虑后接受,或者是防备背后另有图谋?本书试图寻找上述问题的答案。虽难以穷尽澳大利亚社会方方面面的想法,但通过对澳大利亚政界、商界和学界相关讨论的分析,希望能为了解澳大利亚对"一带一路"倡议的认知提供部分答案;并从

---

① Philip Coorey, "Australia mulls rival to China's 'belt and road' with US, Japan, India", *The Australian Financial Reveiw*, 18<sup>th</sup> Feb, 2017. http://www.afr.com/news/australia-mulls-rival-to-chinas-belt-and-road-with-us-japan-india-20180216-h0w7k5.

澳大利亚是否加入"一带一路"的讨论中,把握澳大利亚态度的内在原因,进而为中国应该采取的政策提供参考意见。

## 第一节　澳大利亚对"一带一路"倡议的反应

自"一带一路"倡议提出以来,在澳大利亚政界、商界和学界均引起巨大关注,各方就倡议进行了全方位的论证。目前,澳大利亚政府对"一带一路"倡议仍持观望态度,商界则反应较热烈,学界和媒体众说纷纭。不可否认的是,是否加入"一带一路"倡议,是目前澳大利亚对华政策中最受关注和重视的议题。

### 一　澳大利亚政界的反应

自从该倡议提出以来,澳大利亚政府中不乏一些正面的声音。澳大利亚政府贸易部部长史蒂夫·乔博（Steve Ciobb）就曾表态,在中国的新计划里,澳大利亚企业将面临很多机遇。[①] 但是,主管澳大利亚对外事务的外长朱莉·毕晓普（Julie Bishop）则态度较模糊,她表示,澳大利亚正在积极寻求美国对亚太地区更多投入的时机,如澳大利亚加入"一带一路"倡议,有可能造成美国在亚太地区的进一步"退群";同时她也表示,澳大利亚愿积极探寻同中国在各领域的合作发展机会。澳大利亚的外交部长主管外交事务,且是内阁部长。她这种模棱两可的态度,反映了澳大利亚政府内部对"一带一路"倡议矛盾、担忧的心态。

澳大利亚外交贸易部（Department of Foreign Affairs and Trade, DFAT）是澳大利亚负责对外事务的主要行政部门。在经贸方面,澳大利亚与各国签订的自由贸易协定（Free Trade Agreement, FTA）,其谈判工作均由该部门的自由贸易协定司完成。该部门对亚洲的自由贸易政策一直是积

---

[①] ABC News Report, "One Belt One Road: Australia 'sees merit' in China's new Silk Road initiative", ABC, May 12 2017, http://www.abc.net.au/news/2017-05-14/ciobo-sees-merit-in-chinas-new-silk-road-initiative/8525440, 上网日期：2017年10月19日。

极的倡导者，一般来讲，DFAT是支持与中国建立更紧密联系的文官机构，中澳自由贸易协定（China Australia Free Trade Agreement，以下简称ChAFTA），就是在DFAT的努力和支持下，得以顺利签订。虽然DFAT不是最主要的决策方，但也是十分重要的推动力量；在ChAFTA谈判过程中，澳大利亚许多本地利益集团担心自贸协定的签订将影响澳大利亚本地工人的利益，时任澳大利亚DFAT政务官的安思捷（Jan Adamson）曾为之四处奔走，以消除其国人顾虑。但是，在是否加入"一带一路"倡议问题上，DFAT内部却出现了分歧。一些分析认为，澳大利亚如果加入"一带一路"倡议，有可能挤压美国在亚太地区的的战略空间，也势必影响澳大利亚的利益。

除DFAT内部外，澳大利亚政府各部门之间也在该问题上分歧较大，而争论最为激烈的，是"一带一路"背后中国的战略意图，即是否会更进一步使澳大利亚被置于中国的地缘政治影响之下，中国是否会"倚强凌弱"？在澳大利亚内阁中，国防部与边境和移民部部长都是颇具分量的大员，对于"一带一路"倡议，一向保守的边境和移民部（Department of Boarder and Immigration）秘书长麦克·帕泽洛（Mike Puzzullo）认为，加入"一带一路"倡议并不会获得太多经济利益。该部在为特恩布尔总理提供政策咨询时，提出了反对加入"一带一路"的倾向性意见。[①] 澳大利亚退休不久的国防部政务部长Richardson，更强烈反对澳大利亚加入"一带一路"倡议，声称需要警惕其带来的战略后果。正是因为该部长的反对，澳大利亚政府开始重新审视"一带一路"的战略动机，至今未与中国签订"一带一路"合作谅解备忘书。

虽然作为执政党的自由党目前对"一带一路"倡议较为审慎和保守。但是，目前在野的工党则对"一带一路"倡议持开放态度。影子财长克里斯·鲍文（Chris Bowen）称，工党如果执掌下一届政府，将对中国和澳大利亚在"一带一路"倡议下的合作保持开放态度，以清晰的思路和

---

[①] Andree Greene, "One Belt, One Road: Australian 'Strategic' Concerns over Beijing's Bid for Blobal Trend Dominance", ABC, Oct 23 2017.

方法保障两国的国家利益。① 影子外长黄英贤（Penny Wong）也表示，"一带一路"在澳大利亚北部偏远地区投资基础设施建设，将为中国和澳大利亚人民带来巨大好处。她认为，"一带一路"倡议为双边和多边合作提供了宝贵机会，此前澳大利亚"慢半拍"加入亚洲基础设施投资银行是自卑的表现；澳应在抓住机遇问题上拥有更多自信，不应该再错失机会。

整体来讲，澳大利亚现任由自由党领导的政府对"一带一路"倡议十分怀疑和审慎，但是，审慎的态度背后也可看出澳大利亚政府精英意见尚未统一，心态矛盾，政府内部在是否加入"一带一路"倡议问题上出现了分歧。一方面，澳大利亚政府较为清晰地意识到，加入"一带一路"倡议将为澳大利亚经济贸易和基础设施建设带来新机会；另一方面，澳大利亚政府也担心，"一带一路"倡议是否是中国新的大战略，将给澳大利亚带来新的地缘政治影响，使澳大利亚置于中国的地缘政治统治之下？事实上，澳大利亚这种矛盾而又焦虑的心态，在其对华政策中始终存在，本书随后将对这类心态进行深入分析。

## 二 澳大利亚学界与媒体对"一带一路"倡议的反应

澳大利亚学界对澳加入"一带一路"倡议的看法呈现多元态势。澳著名战略学家休·怀特（Hugh White）认为，澳大利亚政界对"一带一路"的担忧主要来源于澳大利亚对中国崛起的不安。澳大利亚对现有秩序非常满意，换而言之，澳在美国治下的秩序中是受益者，因此，澳大利亚对有可能打破现状的因素都持审慎和保守的态度。但休·怀特认为，澳大利亚的政治精英们必须接受一个现实，中国正在崛起并且成为亚太区域十分有影响力的国家，"我们必须学会如何面对这一改变"。②

---

① "Australian shadow treasurer expresses interest in China's Belt and Road Initiative", Xinhuanet, Sept 30 2017, http：//news.xinhuanet.com/english/2017 - 09/30/c_136650310.htm, 上网日期：2017 年 10 月 29 日。

② Hugh White, "NT Business Welcome Chinese investment", http：//www.abc.net.au/news/2017 - 08 - 08/one - belt - one - road - nt - businesses - welcome - chinese - investment/8783846 ABC, 上网日期：2017 年 10 月 19 日。

澳大利亚罗伊智库（Lowy Institute）的研究员尼克·比斯利也认为，虽然澳大利亚政府消极对待"一带一路"倡议显得比较奇怪，但是否加入"一带一路"倡议却是一个复杂的问题，澳大利亚曾经简单地将政治和经济完全分开的做法将很难再继续，澳大利亚需要更为精细的方法去经营中澳关系。[1]

反对一方最引人注目的声音，是被热炒的《无声的入侵：中国在澳大利亚的影响》一书。作者克莱夫·汉密尔顿是澳大利亚查尔斯特大学的公共伦理学教授。他在书中声称，"中国正在利用虚假的历史来定位自己，从而在未来对澳大利亚有所控制"。[2]但是，该教授的观点在澳大利亚学术界并非主流，《澳大利亚人报》书评认为"克莱夫·汉密尔顿是在把我们澳大利亚人当傻子"。[3]

悉尼大学中国研究中心研究员西蒙·诺顿认为"一带一路"倡议是中国的大战略，通过大战略的框架理解该倡议更为准确。悉尼科技大学中国研究中心的主任认为，澳大利亚对"一带一路"的犹疑主要出于两方面原因，一方面是担心美国的想法，另一方面则是对中澳"一带一路"倡议合作备忘录缺乏具体操作框架的质疑。[4] 澳大利亚国立大学中华全球研究中心的教授任格瑞也认为缺乏具体的实施项目和纲领是澳大利亚对签订合作备忘录持审慎态度的一个原因。[5]

这种支持与反对声音的交杂与并存，构成了澳大利亚学界的复杂形态。但整体而言，澳学界对"一带一路"倡议的看法是谨慎而温和的，极端的声音不是主流。

---

[1] Nick Bisley, "Australia's oddly absent Belt and Road Strategy", 2017 Oct 12th, https://www.lowyinstitute.org/the-interpreter/australia-s-oddly-absent-belt-and-road-strategy, 上网日期：2017年10月19日。

[2] Clive Hamilton, "Silent Invasion: how China is turning Australia into a puppet nation", Hardie Grant Books, 2018

[3] Graham Richardson, "Clive Hamilton is treating us as mugs", *The Australian*, 2018 March 1st.

[4] James Laurenceson et. al., Australia's misplaced fear over China's Belt and Road, 2017 Nov 16th.

[5] Richard Rigby, "Multipolar moment, a dialogue between Australia and China Scholars", 2017 Oct 23rd.

澳大利亚媒体可分为主流媒体和小众媒体，主流媒体包括《澳大利亚人报》（The Australian）和《澳大利亚金融评论报》（Australian Financial Review）。《澳大利亚人报》是澳洲重要的政治评论报纸，也是澳大利亚主流精英习惯阅读的报纸。

澳大利亚一些媒体对中国长期存在偏见，热衷于渲染"中国渗透澳大利亚"，例如，澳大利亚广播公司（ABC）及费尔法克斯媒体（Fairfax Media）2017年即联合发布调查报告，声称中国在澳洲拥有无所不在的"软实力"。因此，澳大利亚主流媒体多对中国"一带一路"倡议抱有怀疑和审慎的态度。但是，也不乏有影响力的媒体对该倡议进行客观评估。

保罗·凯利（Paul Kelly）是《澳大利亚人报》的著名政治评论家，他认为不能将"一带一路"倡议和美国的"马歇尔计划"做类比，中国提出该倡议意在经济共赢而非单纯援助。[①] 但是，他依然认为澳大利亚应该对该倡议保持审慎态度，不应该认为澳不是第一个积极响应中国区域经济战略的国家就说明澳大利亚屈从美国的态度。他表示，何时签订合作协议至关重要，目前澳大利亚应该静候佳时。

在中国召开"一带一路"高峰论坛一周后的2017年5月23日，澳大利亚最大的财经媒体、备受澳大利亚商界欢迎的《澳大利亚金融评论报》发表了一篇评论文章，文章开头即亮明观点："澳大利亚的企业不应该被澳大利亚政府对'一带一路'倡议不温不火的反应所左右，而应该积极地构思和制定自己融入该倡议的完备计划。"该文章的作者汤姆·博德（Tom Boyd）在中国召开高峰论坛时曾访问中国，与中国一些智库、政府高层官员进行了交流。他认为，完全忽略该倡议在地缘政治上造成的影响是不明智的，但是，如果仅因为这个原因，企业就忽略该倡议带来的经济发展机会，也是愚蠢的。[②]

---

① Paul Kelly, "One Belt, One Road: Australia needs to bide its time", The Australian, May 24th 2017, http://www.theaustralian.com.au/opinion/columnists/paul-kelly/one-belt-one-road-australia-needs-to-bide-its-time/news-story/，上网日期：2017年10月19日。

② Tom Boyd, "Business should not be deterred by the lukewarm reaction from the government", The Australian Financial Review, 上网日期：2017年10月19日。

## 三 澳大利亚商界对"一带一路"倡议的反应

澳大利亚商界对该倡议的反应相较其他领域更为热烈。中澳贸易一向稳定，中国是澳大利亚目前最大的贸易伙伴，也是最大的外资投资来源国，中国经济的突飞猛进为澳大利亚的繁荣做出了卓越贡献。在这样的背景下，澳大利亚商界对有利于中澳贸易发展的一切倡议都持欢迎、积极的态度，并对近年来澳政界、舆论界弥漫的"疑华"氛围感到忧虑。据《澳大利亚金融评论报》报道，3月1日晚，全球第四大、澳大利亚第三大能源资源企业福特斯克金属集团的创始人福雷斯特在出席一场庆祝中国新年的活动上发表演讲说，澳大利亚忽视了国家的长远利益，忽视了中国这个最重要的贸易伙伴和在两次世界大战中"被低估的盟友"，并猛烈抨击澳大利亚社会对中国的"不成熟评论"和"妄想症"。[①]

澳大利亚许多商业精英认为，与中国进一步在"一带一路"框架下深化合作，将带来更多的机会和发展。澳大利亚必和必拓集团（BHP）的董事布鲁姆赫德（Broomhead）发表声明，认为澳大利亚商界应该联合起来，澳大利亚政府应该学会把战略目的和贸易分开；如果澳大利亚错过"一带一路"机会，他表示将十分懊恼。[②] 他认为，澳大利亚政府不应该再等下去，而应该立即抓住机会；澳大利亚商界应该联合一致，游说政府。

丰厚的商业利益是澳大利亚商界对该倡议反应热烈的核心原因，必和必拓集团的首席商务官在2017年9月发布的报告中声称，"巨大的'一带一路'倡议将增加1.5亿吨钢铁需求"。[③] 而钢铁需求的增加势必导致铁矿石和其他燃料的需求增加，将为澳大利亚资源行业带来巨大机会。

---

[①] 李锋，《澳大亨猛批本国对华"妄想症"》，《环球时报》2018年3月3日，第三版。

[②] Glen Noris, "BHP director Malcolm Broomhead calls on business to support China Belt and Road", *The Courier Mail*, Oct 11$^{th}$ 2017, http：//www.couriermail.com.au/business/bhp-director-malcolm-broomhead-calls-on-business-to-support-china-belt-and-road/news-story/24cda271d7ce86c60cae1727616d30c2.

[③] Arnoud Balhuizen, "China's Belt and Road Initiative, episode two: A vision encased in steel", https：//www.bhp.com/media-and-insights/prospects/2017/09/belt-and-road-initiative, Sep 26$^{th}$ 2017.

摩根斯坦利预测认为，在"一带一路"的带动下，必和必拓集团的股价将继续上升 13.5%，达到 33.5 澳元每股。①

除了澳大利亚的资源行业很希望澳大利亚能加入"一带一路"以外，商业服务公司对该倡议的反应也十分积极，已有许多咨询公司和律师事务所评估了澳大利亚加入"一带一路"倡议的相关问题和收益。为建筑业提供软件服务的澳大利亚公司艾克斯（Aconex）的首席执行官雷·加斯博表示，"一带一路"倡议的影响将是巨大的，他已经可以看到公司的收入在接下来的几年将得到提高。②

澳大利亚在华商会理事格雷格·阿德斯表示，澳方企业都希望澳政府能够积极响应"一带一路"倡议。③ 澳大利亚商界甚至成立了中澳"一带一路"产业合作促进会（Australia China OBOR Initiative），表现出积极推动的态势。

## 第二节 澳大利亚拒绝签订"一带一路"倡议合作谅解备忘录的国内原因探析

### 一 澳大利亚对国家利益平衡的结果

国家利益是澳大利亚加入"一带一路"倡议的重要考量。在对"一带一路"的探讨中，澳大利亚政治精英和其他人士考虑最多的就是经济利益和安全利益的权衡与平衡。④ 这是澳大利亚在相关探讨中的焦点。

从经济利益角度，澳大利亚部分政界、学界和商界人士认为，"一带

---

① Nicola Robison, Morgan Stanley, cited in Darren Gray, BHP tips surge in steel demand on China's "belt and road" plan, http：//www.smh.com.au/business/mining－and－resources/bhp－tips－surge－in－steel－demand－on－chinas－belt－and－road－plan－20170926－gyoz8x.html.

② ANZ Institutional Bank, One belt one road, one giant opportunity, https：//www.theaustralian.com.au/business/opinion/one－belt－one－road－one－giant－opportunity/news－story/c965b51be2c65329bb9968f94514a1b3.

③ Craig Aldous, "BRI would be great for Australian Business", Speech at FASIC conference in Xuzhou, 2017 年 11 月 1 日。

④ 《澳专家盼澳大利亚搭乘"一带一路"快车》，人民网，2017 年 4 月 26 日，http：//world.people.com.cn/n1/2017/0426/c1002－29238114.html。

一路"倡议将为澳大利亚带来的益处有以下方面：第一，作为第三方参与中国在其他国家的基础设施建设项目合作，带动澳相关基建业的发展。澳大利亚的建筑事务所和建筑工程公司拥有丰富的参与国际项目的经验，早在2012年，中澳就签署了关于加强基础设施建设合作谅解备忘录，重点是加强基础设施建设方面的合作。因此，加入"一带一路"倡议必然会为澳大利亚基础设施建设企业带来更大的商业机遇和利润。第二，澳大利亚的地方官员也认识到，"一带一路"倡议和澳大利亚"北部大开发"计划的对接将带来巨大机遇。澳大利亚北部需要来自中国和周边邻国的市场需求，和"一带一路"的对接必然形成共赢。[①] 第三，参与"一带一路"也会促使澳大利亚对海外投资评估更明晰。"一带一路"倡议与澳发展战略的对接，必然带来更多中国投资和中国企业进入澳市场，提高澳大利亚对海外投资评估审核的透明度和规范程度，增加澳大利亚作为投资目的地的吸引力。例如，2016年8月，澳大利亚国库部以"未能消除安全疑虑"为由，拒绝中国国家电网和香港长江基建集团有限公司拟获得新南威尔士州电网公司50.4%权益的99年租赁权的投资申请。对此，有评论指出，过去几年，澳政府对于海外投资，包括中国投资，其中哪些投资涉及国家安全利益的界定不太清晰，极大地打击了中国企业在澳投资的信心。关于新州电网的案例，最不合理之处在于，一开始中国投资方并没有获得信息，而在最后却被告知该项投资威胁国家安全利益。澳政府应该在之后避免这种情况发生。2017年初，澳大利亚建立了重要基础设施中心，以评估战略基建，如港口、铁路、电力、通信网络等涉及的国家安全利益，为重大海外投资的评估提供依据。一些分析认为，如果澳大利亚加入"一带一路"倡议，是从官方层面减轻对中国投资的战略疑虑，将极大地增强中方企业到澳投资的信心，澳大利亚境内的海外直接投资有望大幅增加。

但是，在经济利益十分可观的前景下，澳方却拒绝签订"一带一路"倡议合作谅解备忘录，这是其经济利益对安全利益让步的结果。澳大利

---

[①] 《澳专家盼澳大利亚搭乘"一带一路"快车》，人民网，2017年4月26日，http://world.people.com.cn/n1/2017/0426/c1002-29238114.html。

亚对"一带一路"倡议的关键担忧在安全利益，认为现在尚不能明确评估"一带一路"倡议背后中国的战略意图，对签订"一带一路"倡议合作谅解备忘录的战略后果十分不确定。

首先，澳大利亚的国防部和军方许多高层认为，"一带一路"倡议将使澳大利亚更多地被置于中国的地缘政治影响之下。随着中国在亚太地区影响力的不断增强，澳大利亚对美国亚太地区领导地位丧失的担忧也在与日俱增。再加之，特朗普政府的亚太政策始终不明朗，朝鲜半岛问题悬而未决，南海争端也前景不明，不确定的亚太地区前景导致澳大利亚希望美国能够在亚太区域扩大影响力，继续维持其亚洲区域的领导地位，确保该地区稳定。而同中国签订"一带一路"倡议合作谅解备忘录，有可能导致美国在亚太地区的战略空间受到挤压。

毋庸置疑，确保美国与澳大利亚安全同盟的稳定，始终是澳大利亚国家安全利益的第一要务，因此，美国的态度一直是澳大利亚外交政策制定过程中的重要考量因素，澳大利亚的政治精英一直在其对外政策中敏锐地捕捉美国对其外交政策的反应。在是否加入"一带一路"倡议的问题上，美国的影响是不可忽略的重要因素。

太平洋战争后，澳大利亚坚持将美国作为澳大利亚的安全后盾，并且也一直是美国在亚太地区的重要盟友，其安全利益根植于美国主导的亚太秩序。目前，美国对"一带一路"倡议反应相对平淡，且其国内质疑较多。[①] 虽然澳大利亚战略学界认为，澳大利亚并未将美国的看法纳入重要的考量，但美国对其盟国在此类问题上的影响显而易见。例如，在亚洲基础设施投资银行筹建谈判期间，美国被曝出曾试图劝阻日本、韩国和澳大利亚等盟友加入。虽然后来美国的劝阻计划多半落空，同时奥巴马也对外界流传的美国"劝阻行为"予以否认，[②] 但空穴来风，事出或有其因。

---

[①] 马建英：《美国对"一带一路"倡议的认知与反应》，《世界经济与政治》2015年第10期。

[②] Geof Dyer, "Obama says AIIB could be 'positive' for Asia", *The Financial Times*, April 28th 2015.

第八章　澳大利亚拒绝"一带一路"倡议的国内动因　／　151

澳大利亚的主流战略界一直认为，澳之安全利益系于美澳同盟，所以须警惕和防范一切有可能冲击现行秩序的苗头。澳大利亚作为现有国际秩序的受益者，其在安全上与美国保持一致，在经济上则依赖中国，这种战略使得澳大利亚在经济突飞猛进的同时，而无其他后顾之忧，即使在2008年金融危机期间，澳大利亚的经济也未受到太大影响。所以，在考虑是否加入"一带一路"倡议时，面对经济利益巨大但战略后果尚不清晰的情况，澳大利亚不愿轻易对其长期执行的战略"改弦易辙"，且对任何可能对现有国际秩序造成威胁的因素都持警惕、审慎的态度。

**二　执政党执政基础薄弱时对外政策趋于保守**

澳大利亚沿袭英国议会民主制的政治体制，在众议院占多数席位的党派成为执政党后，该党的党魁成为总理。总理在众议员和参议员中指派自己信任的成员组成内阁。因此，澳大利亚总理在其执政期间权力空间较大，与美国的总统相比，澳大利亚总理所受来自议会的牵制较小，因为其党派的议员一般在议会中占多数席位。但是，这届政府则面临悬浮议会（即没有任何一个政党取得超过半数的议席）的微妙局面，再加上澳大利亚舆论担心中国崛起后将"一家独大""恃强凌弱"，在此形势下，对于是否加入"一带一路"倡议，澳政府内以及执政的自由党党内，都未达成共识。

此外，特恩布尔薄弱的执政基础也是其目前在该倡议上保守、犹豫的另一重要原因。澳大利亚自由党的外交思想一向是强调强大的同盟，有较强的"亲美"倾向。这一直是该党外交政策的主要特征，受到大多数党员的拥护。如果特恩布尔政府签订"一带一路"倡议合作谅解备忘录，许多党员会认为是对美国同盟的挤压。[1]挑战党内传统的政策，往往出自强大的领导人之手，而显然，特恩布尔并不是这种领导人。目前，自由党党内派系林立，在各州层面都不团结，党内的右派（对社会事务更为保守的派别，以前任总理托尼·阿博特为首）和特恩布尔所代表的中立派也在展开激烈斗争。在维多利亚州和新南威尔士州，特恩布尔都

---

[1]　在前文已论述党内高层，例如毕晓普、麦克·帕泽洛等重要议员的相关观点。

面临来自阿博特的挑战。这两州自由党议员的倾向，对特恩布尔能否继续连任至关重要，因为这两州是澳大利亚的人口大州，选民数量多，议会所占席位也多。但是，这两州自由党内的保守派却对特恩布尔在同性婚姻上的态度不满。维多利亚自由党的执行委员会委员马克思·巴斯蒂（Macuss Baastian）正在招募摩门教徒和天主教徒成为自由党党员[1]，以期影响此后的党内选举，推选更保守的党内候选人。[2]而前不久卸任的托尼·阿博特，显然更符合这一派系的"口味"。对于党内发起的挑战，特恩布尔也不甘示弱，他在2017年7月访问英国时，发表了演讲予以回击，他说，"澳大利亚的自由党从来都不是保守党，从罗伯特·孟席斯（Robert Menzies）建立该党时，就认为本党是中间路线的政党（Centrist Government）。我将竭尽全力将本党拉回到中间路线"。[3]

在党内斗争如此激烈的形势下，特恩布尔的对华政策不得不趋于保守与稳健，尽可能地符合党内大多数的偏好，以确保自身的领导地位。

在是否参与"一带一路"倡议的问题上，特恩布尔政府除了十分顾及党内各方势力的意见和看法外，也极其仰仗其高层决策团队——内阁。由于执政基础较弱，且在议会中受到牵制，所以，他的相关决策相对地更依赖于其内阁成员，政策的选择和执行更需要内阁成员的支持。目前，澳大利亚的内阁较为保守。"一带一路"倡议的相关议题主要归属于外交事务，因此总理的主要咨询意见来自外长朱莉·毕晓普，而朱莉·毕晓普的决策信息主要来自于外交贸易部及她自己的私人幕僚。目前，从她的对华言论以及她任用极其"反华"的私人幕僚约翰·李（John Lee）等情况看，她是一位在对华事务上极为保守的政客。

DFAT是澳大利亚政府与对外事务联系最紧密的部门，但是，由于"一带一路"倡议也存在安全利益的考虑，澳总理也会听取其他部长的意见。在是否加入"一带一路"的问题上，澳总理也会向移民部和国防部

---

[1] 这一行为被澳政治学界称为Branch Stacking，通过吸引在某一地区的特定的党员，改变党内人员的构成以达到影响党内选举的目的。

[2] Jane Norman, "Victorian Liberals claim right faction stacking branches with Mormons and Catholics", ABC, June 3rd, 2017.

[3] Simon Beson, "Liberals are not conservatives: PM", The Australian, July 11th 2017.

咨询。事实上，澳大利亚移民部和国防部都对加入该倡议提出了质疑。①根据澳政治传统，并不是每一位重要部门的部长都会入阁，入阁后每位部长话语的分量在不同事务上也不尽一样。但是，在一般情况下，国防部长一定会入阁，其外交事务话语权相较其他部长更重。澳大利亚刚卸任的国防部长理查德森（Richardson）更是在其退休前施了一记"回马枪"，他表示，希望澳大利亚政府慎重考虑"一带一路"带来的战略后果。

由于澳大利亚许多外交事务牵涉经贸问题，也有许多问题会咨询贸易与投资部长，部长斯蒂夫·乔博（Steve Ciobb）较为支持自由贸易和发展中澳关系，但是，在内阁中他并不是一位重量级的政客。②因此，虽然他支持澳大利亚与中国签订"一带一路"合作谅解备忘录，但最终结果却并未如他所愿。

除了团结党内各方势力以实现连任外，特恩布尔也在积极探寻选民的对华态度。签订"一带一路"倡议合作谅解备忘录，的确意味着澳大利亚与中国的合作将迈上新的台阶，因此，在目前"疑华"升温的国内政治氛围下，特恩布尔采取了更为保守的对华政策，以避免"节外生枝"。

澳大利亚政党因考虑其政党利益和选民偏好，而在外交政策上采取保守态度的案例并不鲜见。例如，工党一直以保护工人阶层的利益闻名。因此，ChAFTA一旦包含有损工人阶层利益的条款，就会遭到工党抵制。在工党执政期间，ChAFTA谈判一直未能成功。后来在澳大利亚自由党的领导下，ChAFTA才得以签订。但是，自由党虽顶住压力签订了ChAFTA，却由于之前政策较为倾向于支持中国投资，因此，在此轮讨论"一带一路"倡议时，它转向了相对保守。这也是该党为争取连任而做出的适当性自保措施。反之，目前工党却正在利用自由党对"一带一路"倡议的谨慎态度对其进行攻击，批评自由党太过保守，有可能导致澳大

---

① Andree Greene, "One Belt, One Road: Australian 'strategic' concerns over Beijing's bid for global trend dominance", ABC, Oct 23rd 2017.

② Nick Bisley, "Australia's oddly absent Belt and Road strategy", Lowy Institute, Oct 12<sup>th</sup> 2017.

利亚"错失良机"。可见，政党之间的博弈，也是影响澳大利亚外交决策的重要因素。这一因素的影响，在大选前后尤其突出。

### 三　社会文化因素导致保守思想据一席之地

澳国内在对华问题上有着强大的保守势力。澳大利亚对中国的许多问题都有条件反射式的防备与提防，在"一带一路"倡议上显得尤为明显。[1] 对这种势力及其强大原因的解读，可以解释当下澳大利亚政府与民间对"一带一路"倡议的反应以及2017年年末"反华"事件等不少看似"不合理"的行为。不可否认的是，外交是内政的延续，澳大利亚历届政府都会通过其外交政策向其选民传达他们的价值观和优先任务。

澳大利亚是一个错位的国家，"身在亚洲却心在西方"。自菲利普船长登上澳大利亚大陆那一刻开始，澳大利亚白人一直视自己为英国在南太平洋的"前沿哨所"。直到现在，澳大利亚仍处于西方文化与原住民文化、西方文化与亚洲文化的磨合过程之中，没有解决好西方人怎样融入当地传统及周边文化的问题。正因如此，"焦虑"始终是现代澳大利亚社会重要的心理烙印。澳著名历史学家大卫·沃克著有一部《焦虑的国家》，书中将澳大利亚定义为焦虑的国度：它曾经焦虑被亚洲人入侵，二战后则焦虑自身在国际和区域事务中微弱的话语权。事实上，在世界秩序变革之时，澳大利亚的"担忧和焦虑的心境"总是比较突出。现在，澳大利亚开始担心美国在亚太地区的缺席，而这已不是第一次。澳国立大学著名战略学家安伦·金吉尔（Allan Gyngell）在其新书《被抛弃的恐惧》（Fear of Abandonment）中提道："担心话语权弱小、被强大同盟抛弃，担心孤立主义，始终是澳外交政策中的暗线。"[2] 例如，当年冷战结束后，所有西方民主国家一片欢欣雀跃之时，澳大利亚总理保罗·基廷却十分担心：在不再需要同苏联于亚太地区抗衡的情况下，美国会否将

---

[1] Penny Wong, "Foreign policy in a time of disruption", Speech, Global Heads of Mission Meeting, Canberra, Australia, March 29$^{th}$ 2017.

[2] Allan Gyngell, *Fear of Abandonment: Australia in the World since 1942*, Latrobe University Press, Melbourne, 2017.

战略辐射能力回缩，不再顾及澳大利亚？如今，在面临亚太秩序尤其是经济秩序可能出现变革之时，根植于澳大利亚独特历史文化的基因又显现出了其强大的作用。在"一带一路"倡议刚提出时，澳大利亚焦虑是否被包括在"一带一路"倡议中；但当中国向其抛出"橄榄枝"后，澳大利亚又开始后撤和防范，担心是否会被置于中国的"大战略"之下。

澳大利亚是一个缺乏安全感的国家。这种不安全感根植于其文化与环境的错位，也来源于其与原生文化和解较为失败的经历。澳大利亚大陆在西方白人到来之前，已经有大约75万土著生活在那里，[①] 这些土著的祖先，在这片土地上已生息、繁衍将近四万年。而早期的殖民者并未将土著居民视为这片土地的主人，从澳大利亚1901年建立联邦至1967年，歧视土著人的条款一直存在于澳大利亚宪法之中。1967年以前，土著人没有任何公民权利，澳大利亚的人口普查也从不包括土著的人口数量。甚至，根据宪法和各州的规定，土著人不是澳大利亚公民。1957年澳大利亚的土著画家那马提亚（Namatijira）竟因为与其家人喝酒而被捕，理由是那马提亚因绘画才能被澳大利亚政府授予澳大利亚公民身份，而他的儿子和其他亲戚却是土著，根据当时澳大利亚的法律，澳大利亚公民不能与土著一同饮酒——这样的民族塑造，导致澳大利亚白人为中心的文化根深蒂固地嵌入这个社会。

从文化讲，澳大利亚的主流文化同英国盎格鲁—撒克逊文化一脉相承，其全世界的"表亲"有英国、美国、加拿大和新西兰，除了新西兰，澳大利亚的所有"亲戚"都在环大西洋，也就是传统称为"西方"的国家。从移民结构看，在第二次世界大战以前，澳大利亚自建立联邦以后即偏向于接受英联邦国家的移民，尤其是对英国移民敞开大门，而且只欢迎来自不列颠岛屿的移民，连爱尔兰和苏格兰移民都遭歧视。因此，在这一时期，澳大利亚的主流文化是完全依托于英国主流文化的，土著、亚洲人和其他欧洲人统统被排斥在主流文化圈之外。第二次世界大战后，澳大利亚逐渐开始大规模接收中欧、东欧以及南欧的移民，在这个过程

---

[①] ABS, Aboriginal and torres strait islander population, http://www.abs.gov.au/ausstats/abs@.nsf/0/68AE74ED632E17A6CA2573D200110075?opendocument, 上网日期：2018年1月19日。

中，澳大利亚的主流文化逐渐扩展。现在，意大利、希腊、罗马尼亚等国的移民也是澳大利亚社会主流的重要组成部分，而东亚以及中东和印度人依然徘徊在主流文化的外围。也正是这种排外、僵硬的保守主义，导致澳大利亚在许多内、外事务上都显出保守、僵硬的特征。

与其近邻新西兰相比，澳大利亚在这方面明显相形见绌。新西兰在对外政策上显得更为独立。虽然澳、新都曾与美国签订《澳新美同盟条约》，但是，新西兰因坚持其在核问题的立场于1985年拒绝了美国的布坎南舰艇停靠新西兰港口后，美国宣布新西兰不再是美国的同盟，[①] 但即便这样新西兰也没有妥协，坚决禁止携带核武器和核动力的船舰靠岸。新西兰也是第一个加入"一带一路"倡议的西方国家。

新西兰这种独立的外交政策离不开其强大的国家认同，新西兰在许多事务上的大胆和不畏挑战，正是其与原生文化实现较好和解的结果。新西兰的殖民者在到达新西兰北岛时，就与当地的多位毛利王签订了"怀唐伊条约"，虽然这在当时实际意义并不大，但这份条约一直保留在新西兰的宪法中，表示这个国家始终承认以及面对自身所在土地的历史和先存的文化传统。虽然澳大利亚人一直不喜欢他们的这个"表亲"，但不可否认的是，新西兰的多元文化主义比澳更繁荣，在处理原土著问题上也更有智慧。

正是这种排外、僵硬的保守主义传统，使得今天澳大利亚主流社会的不少人，不能顺应时势的变化，而是死抱住冷战时形成的东、西方阵营区别不放，对既无历史积怨，又无战略冲突的最大经济合作伙伴——中国，始终存有疑惧和戒心，担心其快速崛起会挑战西方主导的国际秩序。这不但是今年，应该也是近些年澳大利亚一系列"反华"极端行径背后的历史与文化根源。

在这个实行西方民主制的国家，政府或政客的行为，必须迎合社会的主要潮流，以确保其自身的领导地位。目前，对"一带一路"倡议的

---

① "U. S. Policy on the New Zealand Port Access Issue", National Security Decision Directive 193, 21 October 1985, Federation of American Scientists Intelligence Program, https://fas.org/irp/offdocs/nsdd/nsdd-193.htm, 上网日期：2018年1月19日。

反应,以及澳大利亚特恩布尔政府的其他"反华"行为,正是其努力迎合国内保守势力的表现。

### 四 结论及因应之道

如前文所述,澳大利亚虽然不是"一带一路"倡议沿线主要国家,但是,其在东南亚和大洋洲地区的影响力以及澳大利亚作为美国亚太地区战略支点的重要性,都决定了"一带一路"倡议必须考虑澳大利亚的角色,顾忌澳大利亚的利益和反应。事实上,澳大利亚也已经一只脚踏进了"一带一路"倡议的门槛。因为澳大利亚已经加入了作为"一带一路"融资机制的亚洲基础设施投资银行,在"一带一路"沿线国家同中国开展第三方合作。澳大利亚加入"一带一路"倡议的民意基础尚可,能否争取澳大利亚加入的关键,在于如何化解澳大利亚政治精英对该倡议的战略疑虑。如果其政治精英达成共识,认为中国该倡议的主要目的在于战略扩张、挤压和挑战美国在亚太地区的主导权,甚至是加剧与美国的战略对抗,那么,澳加入该倡议的可能性将大大降低;反之,如果澳大利亚的政治精英和商界精英能达成共识,认为澳加入该倡议经济上有利可图,同时又不会带来不良的战略后果,那么,澳大利亚签订该协议将只是时间问题。换言之,澳大利亚是否签订"一带一路"倡议,取决于澳大利亚政治精英是否在两点上达成共识:一是澳大利亚将通过"一带一路"倡议获得实际的经济利益;二是中国提出"一带一路"倡议并不会导致中美在亚太地区的战略对抗更加激烈。

中国的因应之策也应从两方面着力:

其一,作为澳大利亚的第一大贸易伙伴,中国在自由贸易上的立场,对于澳大利亚的信心至关重要。由于澳大利亚是现有贸易体系的既得利益者,澳早就相信,世界经济重心已经转向亚洲地区,尤其是中国,目前的自由贸易体系是澳大利亚经济繁荣的关键基础。如果中国坚定地支持自由贸易,对现有贸易体制保持开放的态度,反对逆全球化潮流,那么,澳大利亚将是自由贸易和开放市场理念的坚定追随者。中国可借用APEC等国际合作平台,重申中国对自由贸易体系的维护,为自身及其他成员经济体创造共赢发展的机遇;而澳通过加入"一带一路"倡议,也能够更多地参与和分享这一共赢发展的机遇。

其二，中国应坚定不移地推行"命运共同体"国策，打消周边国家的疑虑。同时，在"朝核危机""南海争端"等地区争议问题上，中国应力求圆满处理，为自身的国际影响力和外交实力赢得更多的认同与尊重。中澳在"一带一路"倡议上的合作，可力求融入现行的国际规范，在一定程度上遵守现有的地区秩序，尤其是尊重澳大利亚对大洋洲地区秩序的主导性，使"亲诚惠容"原则与中澳关系相交融。

当然，中国也不应忽略澳两党制可能带来的政策变化。显然，澳大利亚工党对"一带一路"倡议更加开放，如果 2018 年澳大利亚大选工党成功，那么，签订"一带一路"倡议合作备忘录的可能性也会更大。

自改革开放以来，中国外交一直须面对三个互有张力的目标，一是维护国家利益，二是争取良好的外部环境，三是秉持公道正义维护世界和平。这三个目标的矛盾性表现在：坚持国家利益必须对外表现强硬，因此有可能引发外界的警惕与防范；争取良好的外部环境需要姿态柔软，却可能削弱对国家利益的维护；秉持公道正义维护世界和平虽可能对短期利益有影响，但这是大国应有的担当和定力。这种矛盾性可以一定程度地兼顾，但不可能完全消弭。所以，中国需要在不同时期确立不同的目标优先性。现在的中国虽已取得很大成绩，但在本质上还属于发展中国家，无须独自应对美国的战略压力，所以，从争取良好的外部环境出发，打造中国与周边国家的"命运共同体"，应成为"一带一路"倡议的重要目标；力争通过"命运共同体"的具体设计，消除包括澳大利亚在内的周边国家在战略安全方面对中国的疑虑。

# 第 九 章

# 结 论

在对澳大利亚亚太政策的国内动因进行系统分析之后，这项研究现在需要画上句号了，需要强调的是，任何试图对影响澳大利亚外交政策的国内因素做出简单结论的想法可能都不太恰当，因而本书并不试图对澳大利亚亚太政策的国内动因这一重大问题进行简化主义或还原论的处理，也不追求用一两个完全可以量化的标准来涵盖这一政治问题背后的复杂性。尽管如此，本书仍然希望在对各要素和现实案例进行比较详细分析的基础上，用尽可能简明扼要的理论来系统地归纳梳理澳大利亚亚太政策出台过程中的国内影响因素。

本章是对全书的总结和立足于中国与澳大利亚关系的简要政策建议，本章分为三节：第一节是简要的理论回顾和总结；第二节是对中澳关系的展望，包括经济关系、政治关系与总体关系展望三个方面内容；第三节是分析在中澳关系的发展过程中，可能由澳国内因素所引发的一些问题与中国可采取的基本对策。

## 第一节 关于澳大利亚亚太政策国内动因的理论总结

建国以来，澳大利亚亚太政策的发展历程从一个侧面反映出国际国内形势在这百年间的急剧变革。国际上，美国、德国在19世纪末20世纪的快速崛起挑战了大英帝国曾经的"日不落"地位，大英帝国在世界范围内逐步收缩，这一趋势通过一战和二战表现得愈发明显。随着各老牌欧洲大国的衰落，美国开始在亚太地区乃至全球范围内占据主导地位，二战后国家之间经济上的相互依赖日益加深。随着冷战格局在20世纪80年代末走向尽头，国际关系的主题也发生了深刻变化。对澳大利亚而言，从最初的"全面依附英国"到"安全上依赖美国，经济上依赖亚洲"，澳大利亚的亚太政策在"欧美中心"和"脱欧入亚"中不断摇摆，表现出长期的两面性和矛盾性。这一政策方面的重要特征，也是澳大利亚国内现实主义、"有限自主"和"中等强国"观念在对外政策中的真实写照。澳大利亚试图在西方国家和亚洲二者之间找到自身定位并保持微妙平衡，一方面是国内主流文化中的"英国情怀"乃至"欧美情节"，在地缘政治和安全上的战略考量和利益取向仍然从属于欧美的世界观和政治准则；另一方面则是由自身基本国情和经济利益所决定的与亚洲经济的一体性和融合性。

那么，澳大利亚看似"亲亚"又"疑亚"的亚太政策的深层原因究竟是什么？外交决策是一国对外部事务所秉持的原则和做出的反应，但影响外交决策的动因却深植于国内的历史传统、政治制度以及各政治力量之间相互冲突的利益和观念之中。正因如此，本书从历史传统、政治制度、利益和观点四个维度系统归纳和梳理了澳大利亚亚太政策的国内成因。通过翔实的文献分析法和案例分析法，借助大量澳大利亚国内的第一手文献资料，旨在厘清在澳大利亚的亚洲观以及亚太政策的演进过程中，国内各项因素的影响路径。

首先，历史传统为澳大利亚亚太政策的各项国内动因奠定了基础。由于特殊的地理位置和基本国情，澳大利亚亚太政策总体上遵循传统，演变相对缓慢，自建国以来至今仍处于从具有依附色彩的亚太政策到相对独立亚太政策的过渡阶段。如果说在20世纪上半叶，澳大利亚的亚太政策完全追随英国，那么今日澳大利亚的亚太政策绝非唯美国"马首是瞻"。澳大利亚国内的有识之士已经意识到，澳大利亚只有拥有独立的亚太政策才能够确保国家利益最大化。所以，外交政策也从简单的依附与顺从趋向于对现实利益的权衡，对美国的依赖主要限于期望美国为其提供安全保障。由于澳大利亚是濒临亚洲的白人国家，从历史和地理位置而言缺少对亚洲各国的归属感和安全感，因此当代澳大利亚仍然在很大程度上秉持跟随强大海洋国家的历史传统，将自己的安全利益寄托于强大盟友美国——正如当年希望大英帝国为澳大利亚提供保护一样。总言之，在历史中形成的澳大利亚亚太政策传统——包括依附主义、疑亚主义、现实主义、"有限自主"、"中等强国"理念等共同作用于战后澳大利亚的亚太政策，决定了澳大利亚和亚洲关系的困境：半心半意、若即若离。第二次世界大战后，澳大利亚与亚洲的关系更加紧密，这从根本上要求澳大利亚卷入亚洲事务；但历史上形成的疑亚主义又使澳大利亚心存疑虑，在现实主义外交原则的指引下，澳大利亚决定接受现实融入亚洲，最大程度成为区域大国，争取澳大利亚的本国利益。历史由当下书写，当前，澳大利亚从亚太政策传统中所继承的正是这种不即不离或若即若离亚太政策困境：在经济上依赖于亚洲各国，但在安全上仍然以美国为重心。在今日澳大利亚的亚太政策出台过程中，"美国因素"经常成为澳大利亚与亚洲国家进行外交博弈时的筹码，借助美国在亚太地区的影响力谋求更多的自身利益。

其次，在国内政治制度方面，根据《澳大利亚文官法》等法案的规定，澳大利亚文官制度确保了其两党制下政党权力交接过程中政府工作——包括外交工作——的稳定性和延续性，但这也增加了民选官员也就是政务官对文官的依赖，在外交实践的过程中赋予了文职人员愈发巨大的权利，使澳大利亚高级文官在亚太政策的制定和执行过程中具备举足轻重的影响力。这种影响力主要体现在三个方面：具体政策的拟定、具体执行方案的细化和对民选官员权力的有效制衡。然而，尽管文官在澳外交政策中的作用和地位不容小觑，但从历史实践和现实状况来看，澳大利亚亚太政策的主要决策权和主导权仍然掌握在民选政治家的手中，更具体地说是掌握在总理和内阁手中，他们才是决定政策方向和主要基调的关键人物。

在澳大利亚既有政治制度下，总理在外交方面的权力运作空间相当巨大，而以总理为首的内阁在大多数时候也会与总理保持意见一致，支持总理的外交决策。总理在外交事务中的这种巨大权力根源于两大因素：内阁与议会。就内阁而言，一方面，由于内阁由总理任命，内阁中与外交事务关系最为密切的外交部长往往是由总理在权衡各方利弊后所选择的对自己最有利的人选。就外交部长而言，外交才能很可能只是担任这一职务的众多考量因素之一，党派、党派内部的派系、与总理的政治理念是否一致、与其他内阁成员的远近亲疏等很可能是更为重要的考量因素。另一方面，根源于澳大利亚的选举制度和政党制度，内阁为了确保自身执政基础，通常需要保持与总理的一致以期向议会和广大选民展示团结的形象。就议会而言，总理在外交事务相对自由的权力空间也要归功于议会对外交事务的淡漠态度。议会的议员代表各选区的民众，因此密切关系民生的议案往往会吸引大量的注意力，而与议员的切身利益相隔较远的外交事务一般不会获得过多议员的关注。当然，澳大利亚的亚太政策具有一定的特殊性，不同于传统的外交政策仅涉及单一部门，亚太政策很可能更为偏重于经贸方向，也因此牵涉多个职能部门，例如贸易与投资部、农业部、工业部等，当具体的亚太政策特别是经贸政策涉及的部门较多时，也更可能吸引国内民众关注，相应的，在关于经贸方面的亚太政策出台过程中，总理和内阁需要面对更多来自议会的挑战。

　　再次，制度是死的，人是活的，澳大利亚亚太政策的制定和实施也是在制度的框架下通过人来完成的，因此，与人相关的利益也就成了亚太政策的一项重要内部驱动因素。经典的现实主义国际政治理论认为，国家行为由利益决定，本书所涉及的利益主要指国家利益，还可以被进一步划分为安全利益、经济利益和政治利益三个方面的内容。澳大利亚是一个有着浓厚现实主义外交传统的国家，其亚太政策也摆脱不了利益的影响，甚至可以说，在其亚太政策的制定和实施过程中，利益在各项国内动因中占据首位。对于澳大利亚而言，亚太地区的和平稳定是其国家利益实现的首要条件，因此澳大利亚致力于发挥其作为"中等强国"的区域大国影响力，努力促进亚太地区的和平发展。除了国家利益以外，政党利益和利益集团也对澳大利亚的亚太政策有一定的影响。但是，本书认为，当前政党利益的影响正在逐步削弱，因为除了具体实施手段的差别以外，工党和反对党联盟在亚太政策的核心问题上并没有明显分歧。与之相反的是，澳国内各利益集团对亚太政策的影响近年来正在逐步增强。在亚太政策与经济利益紧密相连的情况下，亚太政策尤其是经济贸易政策对国内的许多行业影响日益增大。因此，许多曾经对亚太事务持漠不关心态度的国内行业联盟也逐渐开始关注亚太政策，投入了更多的资源开展游说和宣传活动，以期影响政府的亚太政策取向。

最后，澳大利亚亚太政策中的观念因素是一个广泛存在但较难量化的动力因素。澳大利亚秉持西方民主自由的普世价值观，在此基础上强调自身的"英国情结"和多元文化主义，在历史和当下实践中都具有浓厚的意识形态同盟观念：与澳大利亚较为亲密的国家，大都是典型的西方自由民主国家。与此同时，澳大利亚也以当下国际秩序和亚太秩序的维护者自居，作为冷战后国际贸易秩序和安全秩序的实际受益者，澳大利亚追随美国参与全球事务并努力构建双边或多边的亚太秩序，确保其"中等强国"和区域大国的地位。

## 第二节 中澳关系潜在问题与中国可采取的基本策略

在经济方面，澳大利亚的澳中 FTA 政策呈现以下特征：首先，强化经贸合作，争取经济利益。其次，对中国国企在某些领域的澳大利亚投资持保留态度。

由于中澳 FTA 涉及复杂的澳国内利益，围绕协议的谈判，澳各方政治势力和利益代表展开了激烈的博弈，制度、利益、观念因素悉数登场，使谈判延续十年之久。中澳 FTA 之最终达成，说明利益是澳大利亚亚太政策决策的最重要因素，协议的达成符合澳大多数人的主要利益或者说利大于弊。抽丝剥茧后可看出澳大利亚的亚太经济政策是一个国内各方理性博弈的结果。同时也说明，总理及其领导的执政党，一般情况下可以主导澳大利亚的对外政策，却无法单独决定之，而必须顾及多阶层、多地区、多行业、多党派以及各利益集团的利益和意见，完成多项协调与妥协。

从澳大利亚国内利益和政治力量的复杂性，以及源自历史和意识形态之观念的顽强作用，可看出中澳 FTA 的签订，不是中澳经贸关系调整的结束，而只是新的开始。未来的变数与挑战，现在已可预见。

虽然澳大利亚对中澳贸易的蓬勃发展受到民间和官方的一致认同，

他们均认为良好的中澳经贸关系是澳大利亚繁荣的重要因素，但是，在中国国企对澳投资问题上，澳大利亚民间和官方始终存在顾虑，一方面，他们担心中国国企控股澳大利亚的某些行业将威胁澳国家安全利益，第二，"疑华"心理作祟。虽然，中国国企大量投资澳大利亚某些领域并非出于战略目的也非为自己外交博弈获得更多筹码，但是，无论是投资规模还是投资增长速度，中方的动作都是较大的，任何一个国家在短时间内某些行业被大量外国国企收购都会产生顾虑，澳大利亚民间和政府的担忧是可以理解的。

任何国家都有其自身利益，维持这种利益，正是一国政府的主要外交职能。对于中国来说，自身的经济发展与外部经贸环境之间，是"鸡生蛋、蛋孵鸡"互为因果的关系：自身经济越发展，外部经贸环境则越易搞好；反过来，外部经贸环境越好，自身经济也越易发展。因此，深入地研究包括澳大利亚在内的重要经济交往国之国内状况，并在此基础上找到因应之策，是一件需要高度审慎的工作，容不得半点粗疏与轻率。

遗憾的是，随着中国近几十年来综合国力的高速增长，一些人心中逐渐滋长了骄矜之气，不愿意正视像澳大利亚这样相对较弱的国家也会有自己的国家利益，也有权维护其自身利益；对于澳方任何不符合中国利益的行为与态度，动辄斥之为"不识好歹"或"不自量力"。如果这样的情绪、言论充斥舆论，并普遍渗入国民的心中，那么不但中澳，中国与其他国家的关系都不会向好，而只会越来越差。最终损害的，还是中国人自身的利益。

在安全方面，澳大利亚的南海政策总体呈现三个基本取向：与美国保持相近立场；防范中国"控制"南海；力倡南海地区维持和平与现状。

澳大利亚的这种政策取向，并非单纯是主要盟国美国的压力所致，而是同时符合其自身的战略利益。换而言之，澳大利亚的南海政策是外部压力与内部动因相结合的产物。

与一般分析认为澳大利亚在经济上需要亲近中国、在安全上提防中国的简单结论不同，本书倾向于认为，即使单纯从经济角度而论，澳大利亚在南海的经济利益上与中国也是有冲突的。反之，在安全问题上，至少澳大利亚的一般民众并不认为中国是澳大利亚的安全威胁，他们普遍将印度尼西亚视为主要威胁①。澳大利亚在安全上对中国的防范,确实更多是来源于美澳同盟的压力,而非内部选民的压力。当然,就整体而言,澳大利亚在安全上对中国的防范更甚于经济。澳大利亚对外采取的是安全和经济双轨制,当安全和经济发生矛盾与冲突时,安全问题将成为最优先考虑的议题。加之近年来中国经济增速放缓,国际矿产品价格大幅下挫,导致澳对中国矿产品出口下降较多,对中国经济的依赖度亦有所下降,随之经济因素在澳国家战略中的比重也呈降低势头。

另外,由于奉行现实主义外交原则,意识形态等观念因素在澳大利亚的外交决策中的影响被稀释到相当程度,实际上其地位已类似一把夜壶——有用时拿出来用一下,没用时塞进床底。例如,澳大利亚支持"南海仲裁案"临时仲裁庭否定中国依据"历史性权利"提出的南海主权声索,但它自己一直坚持的对南极洲近590万平方公里领土及南极外大陆架的声索,其主要依据就是"历史性权利"原则。可见,澳大利亚对中国的态度,与观念价值上的分歧关系不大,与现实利益的关系最大。

由此可得出结论:当下澳大利亚在南海问题上"跟随美国、遏制中国"的基本取态,既出于联盟的需要,也符合其自身利益,因此中国很难扭转澳方的这种立场,至少目前状态的中国没有这种资本和实力。中国可以做的,是弱化其执行的意志和能力,使其主要表现为口头表态,而少见之于实际行动。这种行为模式于澳大利亚是有先例可循的(所谓的南海仲裁案以前),因而也是今天的中国可以做到的。

为此,中国要注意以下几点:首先,不应因为澳大利亚"跟随美国、遏制中国"的态度而视澳大利亚为中国的敌人。澳大利亚并非中国的敌人,双方不过在南海问题上存在利益冲突而已,在其他方面,双方还存在广泛的共同利益。这种关系的复杂性,在国与国之间是最常见的。即使美澳之间,也存在利益冲突和分歧。中澳现阶段呈现的冲突,既非你死我活式的,也非不可改变,中澳之间不存在直接的核心利益冲突,矛盾主要是形势的产物。随着形势和环境的变化,这种冲突必然发生改变。虽然自二战以来,澳大利亚一直保持同美国的军事同盟关系,以美澳同

---

① 详见第四章第一节。

盟作为国家生存和发展的基点，但这种抉择同样是基于现实主义的原则而非某种理念，因此它并不是一成不变的。当下美澳同盟的坚固性，也是与澳大利亚"尽管当前全球性的经济危机将对未来的国际格局产生重大影响，但是在2030年以前，美国在政治、经济和军事方面仍将是最富实力和影响力的战略角色"的这一基本判断联系在一起的。事实上，自二战结束以来，澳大利亚与美国、中国，与亚洲其他国家的关系已发生不小改变。中国需要做的，就是创造条件，等待改变的继续发生。

其次，中国应进一步加强与澳大利亚的经济联系，增加双方的安全互信。2014年，中澳双边关系提升到"全面战略伙伴关系"，中澳建立了总理年度定期会晤机制、外交与战略对话、战略经济对话等30多个政府间磋商机制；2015年12月1日，中澳在堪培拉举行了第18次防务战略磋商，中国人民解放军总参谋长与澳国防军司令宾斯金、国防部秘书长理查森举行会谈，并会见了澳大利亚国防部长佩恩；2015年10月，中国海军和平方舟号医院船首次访问澳大利亚；10月31日，澳大利亚皇家海军"阿兰塔""斯图尔特"号护卫舰，在中国海军导弹护卫舰运城舰引导下，抵达中国湛江，开展了为期3天的友好访问；2016年1月2日，参加亚丁湾护航的中国海军152舰艇编队抵达澳大利亚布里斯班，与澳大利亚海军进行了联合军事演练；8月24日至9月11日，在澳大利亚达尔文港举行了"科瓦里—2016"陆军技能联合训练；9月14日至23日，中澳陆军在澳大利亚悉尼举行了"熊猫袋鼠—2016"联合训练。这些迄今为止不断增多的中澳两国、两军交往，都是很好的尝试。这种尝试难以从根本上改变澳方的基本立场，但它会通过影响澳大利亚的民众、政党、利益集团、议会和内阁，使其在考虑针对中国的强硬行动时，逐渐软化其政治决策的决心和意志，令其不愿投入更多的资源和精力，从而弱化其行动力。能做到这一步，现阶段的中国在南海问题上涉及澳大利亚的外交目标就基本实现了。反之，针对澳大利亚的"强硬态度"则毫无必要，它只会增加而绝不会减少中国实现南海战略目标的阻力。另外，现阶段的中国在南海问题上已不宜树敌更多。

最后，南海是老祖宗留给中国人的财富，中国当然应有"不惜武力捍卫"的决心，而且应该向外界清晰地传递这种决心。但同时亦必须明确，中国"不惜武力捍卫"的态度，并不是针对当前任何一个对象国的（包括澳大利亚），而是针对南海主权问题就事论事而言的。无论如何，武力都只是最终手段，不到迫不得已时，中国决不会轻启之。

## 第三节 中澳关系的前景与展望

### 一 中澳经济关系展望

澳大利亚统计局提供的数据显示，截至2015年底，中国在澳投资存量749亿澳元，其中对澳直接投资存量351.71亿澳元，比2014年底增长10.4%；澳在华投资存量702亿澳元，其中对华直接投资141亿澳元，比2014年底增长12.1%。中国和澳大利亚都是世界范围内FDI进程的主要参与者，但两国之间的投资还远未达到应有水平。2015年中澳FTA签订后，两国正逐渐放宽对彼此投资的政策性限制，减少跨国公司的市场准入障碍，这有助于双方经济合作，吸引更大规模的外资进入。

就澳大利亚方面而言，澳大利亚是全球最受欢迎的投资国之一，也是获得中国对外投资总额排名第四的国家。在中澳签订FTA后，澳大利亚从政府到智囊机构都认为澳大利亚企业有必要抓住中国企业海外并购的良机，在中国企业的海外投资大潮中成为中国重要的战略商业伙伴。近年来，中国对澳大利亚在非敏感领域的投资限制已从2.48亿澳元放宽到了10.08亿澳元。虽然澳大利亚政府和民众在当前仍对中国企业，尤其是大型国有企业，在澳国内敏感领域的投资心存忧虑，但澳大利亚加大对中国资本的引进力度仍是大势所趋，即使这些投资涉及澳大利亚的关键产业。澳洲农业局的相关研究表明，在农业领域FDI的涌入，可通过提高农产品的质量和收入来提高食品安全质量，而不是像民众担心的那样，会降低食品安全质量。除此以外，将中国的资金引入到除矿业以外的其他产业，也有利于中国对澳大利亚FDI的增长。以农业为例，当前澳大利亚农业所面临的主要问题在于对华出口规模很小，而中国资金的注入将有助于澳农业的总体发展，帮助澳大利亚农产品企业打开中国市场。

除农业和其他资源产业外，中国资本也能够在澳大利亚的基础设施建设方面大有作为。中国企业具有资金实力、技术及行业经验，也有兴趣在未来十年交付大型基础设施建设项目，包括采矿、能源及民用基础设施项目，这相当符合澳大利亚在基础设施建设领域的迫切需求。澳大利亚大量的基础建设都是 20 世纪 80 年代初建成的，已经远不能满足本国现在的发展步伐。例如，墨尔本高速公路日益陈旧，造成严重的交通问题，使得市政府急于投资新的高速公路，而类似情况在澳其他大城市也多有显现。因此，拥有丰富经验的中国建筑企业很可能在澳大利亚获得更多项目。随着中澳 FTA 的推进，澳大利亚将会更多地开放中国企业对机场等更多类型基础设施的投资建设。毕马威对 11 家在澳投资的中企所进行的调查显示，中国投资者对在澳的中长期投资持乐观态度，有意增加包括地产业在内的对澳投资，这些公司普遍将澳大利亚视为进入新市场的切入点。

澳洲企业也非常看好中国的经济发展走势，正致力于扩大在华投资力度。澳大利亚政府针对 770 亿出口市场展开的一份调查显示，约四分之三的在华澳洲企业都有意扩大在中国的投资。澳贸易部长埃莫森（Craig Emerson）表示，调查中传递出的信息是鼓励其他澳洲企业也积极进军亚洲市场，以在该地区的经济增长中分一杯羹。根据 2015 年澳洲贸易委员会对在华澳大利亚企业的一项调查，24% 的被调查公司"有强烈意愿扩大在华规模"；29% 的公司"非常愿意"扩大对华投资规模；21% 的公司属于"有一定意愿加大投资"。另外，数据也显示，69% 的调查公司主管人员对中国经济持乐观态度，仅有 7% 的表示"毫无扩张"打算；广州和上海成为在华澳企最想扩张的地区，而北京、四川、重庆、浙江、江苏、山东和其他一些地区都被澳企指为有意扩张的地区。这项调查还表明，39% 的被调查企业表示，他们的利润比上年有所增长，8% 的公司表示"大幅增长"，而 31% 的公司则表示"保持同样水平"。

虽然在传统领域来华投资的澳大利亚企业依然面临诸多限制，但在中国当前的新兴产业中，澳大利亚企业存在着巨大的投资潜力。以澳电为例，其 CEO 陈永正认为，如果国外电信运营商在中国不只拘泥于受限制的传统业务，而是能跟互联网、宽带、行业应用相结合，机会就会大大扩展。澳电在香港的子公司 CSL 有 18 个虚拟运营商，相比之下，中国内地目前的虚拟运营商数量相对较少,还有巨大机会。他表示,澳电在中国的投资、合作将主要集中在包括云计算在内的企业级服务、新媒体业务、信息消费等,除此之外,澳电亦与中国工信部电信研究院有合作,澳大利亚的宽带建设经验和移动虚拟网络运营商建设是中国和澳大利亚在这一领域的两个主要合作点。

除了两国之间的投资前景良好之外,中澳双方还将积极寻求中国"一带一路"倡议与澳大利亚"北部大开发"计划的对接,澳大利亚企业普遍对中国正在推进的"一带一路"建设兴趣浓厚,表示愿积极参与其中,这将进一步拓宽两国在经济领域的合作范围,加深双方的经济依赖程度。

### 二 中澳政治与安全关系展望

作为现有国际秩序的受益者,澳大利亚在可预见的将来仍会是现有秩序的维护者,这也意味着中澳政治与安全关系即使不如经济合作那样发展迅速,也将在增强两国政治与安全互信的基础上稳步推进。

第一,不同于主导全球秩序的美国,澳大利亚更考虑对现实威胁而非对别国在域外政治经济格局中的综合实力进行制衡。换言之,作为南太平洋区域中等强国的澳大利亚更加倾向于以地缘毗邻性、域内国家的进攻实力和进攻意图为判断要素谋划自身的安全战略,这也是二战前澳大利亚依附于英国制衡德国,在二战中依附于美国对抗日本,而在当代成为美国紧密盟友的主要原因。就地缘毗邻性而言,澳大利亚在安全领域所依附的英国和美国与本土距离较远,且三国在价值观与意识形态领域有着密切联系,英国和美国对澳并不构成直接威胁。与此相反,一战前在南太平洋占据重要地位的德意志帝国和一战后势力大增的日本不仅与澳距离较近,强大的进攻实力和浓重的侵略野心也对澳本土安全构成了现实威胁。

对中国而言,澳大利亚立足于本地区的威胁制衡倾向意味着中国综合国力的增强本身并不会刺激澳大利亚在安全问题上做出过激反应,即便考虑到美国对澳大利亚的影响,这样的安全防范也将是有限的。问题的关键在于澳大利亚对中国进攻实力和进攻意图的评估。在南海争端中,澳大利亚并不否认世界从中国崛起中强烈获益，但仍然指责中国合理合法的岛礁吹填行动影响了地区稳定①。中澳战略互疑可能使有关中澳在安全领域存在敌对性的说法成为自我实现的预言并导致零和竞争，最终严重损害相关各方面的利益。因此，加强中澳间在安全领域的战略互信至关重要。

近年来，随着"亚太梦"的提出和"大周边"战略的日臻完善，中澳两国消除疑虑、谋求合作的基础也在不断加深。当前，中澳双方在安全领域已经开展了舰队互访、联合军演等一系列务实性交流，也通过多边机构会议如亚太经合组织领导人会议、东盟峰会等加深双方了解。未来，中澳也可以考虑由高层领导人牵头，通过两国政府签署安全领域的谅解与协议，对相关原则展开讨论，让双方能够合理地确保自身安全利益，增进相互了解、建立更多信任。另外，中澳在非传统安全领域诸如网络安全和打击恐怖主义方面也有望开展更为广泛的合作。

第二，不同于作为美国亚太战略"北锚"的日本，身为"南锚"的澳大利亚在战略上围堵和遏制中国的意图相对较弱。2014年7月，安倍晋三政府最终决定解除集体自卫权，在随之进行的访美过程中又与美方发布美日联合声明以及有关美日防卫合作新指针，这意味着日本的军事设备与人员不再仅限于自卫，还可以在亚洲区域及以外各地协助美国。同时，安倍晋三也在南亚和中亚地区推行所谓的"亚洲自由之弧"计划，战略上在亚太地区围堵中国的意图昭然若揭。随着美、日所主导的TPP达成基本协议，双方在军事、政治、经济上的合作及联盟关系将进一步深化。与中日之间以地区大国身份所带来的难以避免的竞争不同，作为南太平洋地区中等强国的澳大利亚并未在安全问题上与中国严重对立。2013年最新一期的澳大利亚国防白皮书并未像同时期日本的防务白皮书一般大肆宣扬"中国威胁"。根本而言，澳大利亚与中国具有不同的安全战略追求，中澳双方的国家安全战略也不会对彼此构成直接威胁，而中澳又都强烈地需要一个和平以及多元化的国际关系体系和亚太安全秩序，

---

① 《澳总理：中国应避免因声索南海领土行为与美开战》，中国网，2016年1月21日，http://military.china.com/news/568/20160121/21238511.html。

对于南海问题可能对澳大利亚安全战略产生的有限影响，中国在其和平崛起方针的制约下最有可能采取的措施是通过协商、海上危机管控等方式来争取和平解决或至少是暂时搁置争端。因此，可以预见的是，中澳在安全领域的共识与合作的空间将远大于中日的安全合作空间。

第三，在可预期的未来，澳大利亚安全战略的"有限自主"性难以根本改变，其仍将与以美、日为代表的亚太盟国在政治、经济、安全等各方面保持紧密合作关系，这也意味着澳大利亚对于中国的崛起特别是中国在西南太平洋区域的实力增长将会保持高度警惕。

就现状而言，中国与澳大利亚不存在由国家身份竞争所导致的结构性对立。中澳之间不会形成类似于中美之间守成国与崛起大国的对立，也不会出现类似于中日之间以地区大国身份所带来的竞争[①]。从澳大利亚安全战略所划分的层次来看，中国没有也不会威胁澳大利亚的本土安全，且对于澳大利亚的直接毗邻国也不构成威胁。中方已多次表达对澳大利亚在南太平洋地区领导地位的尊重，表示愿意与澳大利亚协作共助本地区的发展[②]。另外，随着近期中澳自贸协定的签订，中澳两国间的经济合作将大幅深化，在当下变动的亚太格局下中国和澳大利亚正在切实推进双方在各领域的战略合作。

但是，对中澳在安全领域的共识与合作程度不可估计过高，作为区域中等强国的澳大利亚在安全领域以澳美同盟关系为基石的状态难以改变。从澳大利亚国家安全战略的历史演变中可以发现，澳安全战略在很大程度上是由其地缘政治环境、意识形态传统和在历史上处理安全问题时的长期实践所决定的，澳美同盟也是澳大利亚在历史上大部分时期内忠诚追随掌握海洋霸权的西方大国制衡本区域大国这一理念在当代的突出表现。这种理念本身并非澳大利亚安全战略的目的，而是其评估安全威胁、保障本国安全利益和保持中等强国地位的基础。作为一个人口稀少、重工业基础薄弱、远离亚太中心地区的西方发达国家，澳大利亚对

---

[①] 鲁鹏：《在理想和现实之间——从澳大利亚外交战略看澳大利亚南海政策》，《亚太安全与海洋研究》2015年第4期，第11页。

[②] 徐秀军：《中国发展南太平洋地区关系的外交战略》，《太平洋学报》2014年第11期，第24页。

于国际政治和安全事务的实际影响力有限,澳大利亚对于本地区威胁和在地区乃至世界事务中被边缘化的危险始终抱有足够的警惕性。因此,澳大利亚当前在南海问题上配合美国行动可以在一定程度上被理解为澳大利亚以积极干预为手段提高自身在地区事务中的话语权和影响力,从而借助美国进一步落实区域中等强国的安全战略。

总言之,在经贸关系加深,政治、安全关系平稳发展的势头下,中澳关系将进一步深化拓展,在目前的基础上有着长远的发展潜力,这种潜力不只存在于两国政府之间,也存在于两国的民间交往之中。2017年是"中澳旅游年",澳大利亚总理特恩布尔在2月举行的"中澳旅游年"开幕式上致辞说,旅游年活动标志着两国关系进入崭新时代。据澳大利亚统计局的最新数据,2016年中国游客赴澳人数超过120万人次,再创历史新高。中国游客的大量到来对加深两国民众之间的理解意义巨大,根据罗伊智库的报告,80%的澳大利亚人与中国人接触以后对中国的印象是积极正面的。

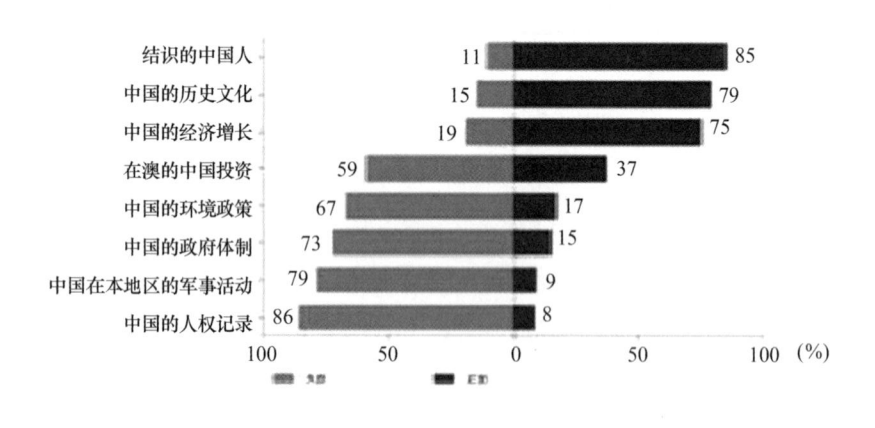

| 项目 | 消极 | 积极 |
|---|---|---|
| 结识的中国人 | 11 | 85 |
| 中国的历史文化 | 15 | 79 |
| 中国的经济增长 | 19 | 75 |
| 在澳的中国投资 | 59 | 37 |
| 中国的环境政策 | 67 | 17 |
| 中国的政府体制 | 73 | 15 |
| 中国在本地区的军事活动 | 79 | 9 |
| 中国的人权记录 | 86 | 8 |

**图 9—1 罗伊民调——对华态度**[①]

分析澳大利亚亚太政策中的国内动因为中国外交提供了可供参考的经验和教训。在宏大的、并非为本国量身定做的国际关系大变革时代,

---

① Lowy Institute Attitudes towards China, https://www.lowyinstitute.org/lowyinstitutepollinteractive/china, retrieved on the 02/02/2017.

一方面我们有必要学习澳大利亚是如何在国际博弈中维护本国利益的决心和具体外交技巧，进行不屈不挠的斗争，另一方面又要认清国际社会中成员国相互依赖日益加深的趋势并尊重别国的利益；一方面要注重在国际交往中维护国家经济利益，另一方面也要关注作为政治大国的政治利益，以建设性的外交方式在两者之间保持某种平衡。最后，引用费孝通先生关于不同文明对话的"三美一同说"来结束全书。政治活动是一种平衡，不仅要"各美其美"，而且要"美人之美"，而只有"美美共美"，才能"天下大同"。

值得注意的是，在进行案例研究时，笔者也发现主要决策者个人因素，例如工作作风、生活经历、性格特征、领导风格等都会对政策面貌起到不可忽视的雕琢作用。但这些涉及具体个人的因素并未包括在本书所设计的研究框架之内。某种程度上，这也为下一步研究指明了方向。同时，这也再次说明，人的理性和认知能力在一定时期内是有限的，试图还原历史只是认识事物的一种途径，还原本身是难以企及的远大理想。因此，唯有对学术、对历史抱有一颗敬畏之心，才是一名合格学者应有的态度。

# 参考文献

**中文文献**

《奥巴马赞澳对阿富汗战争贡献 称澳是最坚定盟友》，中新网，2007年7月16日，http://news.163.com/07/0716/07/3JGO259D00011MTO.html。

《澳总理：中国应避免因声索南海领土行为与美开战》，中国网，2016年1月21日，http://military.china.com/news/568/20160121/21238511.html。

《澳外长称日本是最亲密伙伴 将保持和中国合作》，《环球时报》2013年10月16日。

《澳大利亚辱骂中国"杂种"议员帕尔默两次道歉》，《环球时报》2014年8月27日。

《澳外长称日本是最亲密伙伴 将保持和中国合作》，《环球时报》2013年10月16日。

宫少朋：《澳美安全合作的纠葛与其前景》，《美国研究》1992年第2期。

韩峰、刘樊德：《当代澳大利亚》，世界知识出版社2004年版。

刘樊德：《澳大利亚东亚政策的演变》，世界知识出版社2004年版。

［德］马克斯·韦伯：《马克斯·韦伯社会学文集》，阎克文译，人民出版社2010年版。

鲁鹏：《在理想和现实之间——从澳大利亚外交战略看澳大利亚南海政策》，《亚太安全与海洋研究》2015年第4期。

［澳］罗伯特·麦克林：《陆克文传》，毕熙燕译，福建教育出版社

2008 年版。

［澳］斯图亚特·麦金泰尔：《澳大利亚史》，潘兴明译，东方出版中心 2005 年版。

［美］斯蒂芬·沃尔特：《联盟的起源》，北京大学出版社 2007 年版。

［澳］王宇博：《渐进中的转型》，四川人民出版社 2000 年版。

王逸舟：《对国际社会等级结构的一种调研》，《欧洲》1996 年第 3 期。

王光厚、田力加：《澳大利亚对华政策析论》，《世界经济与政治论坛》2014 年第 1 期。

汪诗明：《20 世纪澳大利亚外交史》，北京大学出版社 2003 年版。

汪诗明：《论日澳"建设性伙伴关系"的形成》，《日本学刊》2007 年第 2 期。

王尘子、沈予加：《澳大利亚利益集团及其影响路径》，《四川省委党校学报》2015 年第 3 期。

《王毅"四个尊重"谈南海问题：尊重历史才能谈法规》，《人民日报》（海外版）2014 年 9 月 9 日。

《习近平会见澳大利亚总理特恩布尔》，《人民日报》2016 年 4 月 16 日。

《习近平会见澳大利亚总理特恩布尔》，新华网，2015 年 11 月 16 日，http：//news.xinhuanet.com/world/2015－11/16/c_1117159099.htm。

《习近平出席向澳大利亚大学中华全球研究中心赠书仪式》，中华广播网，http：//china.cnr.cn/gdgg/201006/t20100622_506615516.html。

徐秀军：《中国发展南太平洋地区关系的外交战略》，《太平洋学报》2014 年第 11 期。

喻常森：《澳大利亚对中国崛起的认知与反应》，《当代亚太》2010 年第 4 期。

俞可平：《世界主要政党规章制度文献》，中央编译出版社 2015 年版。

杨明星：《透视澳大利亚霍华德政府对华政策及其走向》，《国际论坛》2005 年第 2 期。

杨小辉：《"中等强国"澳大利亚的海军政策与实力及其对中国的影响》，《上海交通大学学报》（哲学社会科学版）2013年第4期。

张天：《澳洲史》，社会科学文献出版社1996年版。

张秋生：《澳大利亚与亚洲关系史》，北京大学出版社2002年版。

张秋生、周慧：《试评澳大利亚霍华德政府的均衡外交政策》，《当代亚太》2007年第4期。

张秋生等：《列国志·澳大利亚》，社会科学文献出版社2012年版。

［美］朱迪斯·戈尔茨坦、罗伯特·基欧汉：《观念与外交政策》，刘东国、于军译，北京大学出版社2005年版。

《中澳自贸协定》，中国商务部网站，http：//fta. mofcom. gov. cn/Australia/australia_special. shtml。

**英文文献**

ABC News Report, "One Belt One Road: Australia 'sees merit' in China's new Silk Road initiative", ABC, May 12 2017, http：//www. abc. net. au/news/2017 – 05 – 14/ciobo – sees – merit – in – chinas – new – silk – road – initiative/8525440.

ABS, Australia Asia trading data, retrieved on the 20th Jan 2017.

Alan Gynell, *Fear of Abandonment: Australia in the World since 1942*, La Trobe University Press, 2017.

Anna Henderson, http：//www. abc. net. au/news/2015 – 09 – 23/shorten – bobs – like – a – cork – in – union – slipstream – over – fta/6797660.

Anup Shah, http：//www. globalissues. org/article/768/global – financial – crisis.

Arend Lijphart, "Comparative Politics and the Comparative Method", *The American Political Science Review*, Vol. 65, No. 3.

Australia under attack, http：//www. ww2australia. gov. au/underattack/.

Australian Chamber of Commerce and Industry, Riding the Chinese Dragon: Opportunities and Challenges for Australia and the World: Position Paper.

Australia and China Relations Institute, Australia and the Belt and Road

Initiative: An overview, http://www.australiachinarelations.org/content/australia-and-belt-and-road-initiative-overview.

Bernard Attard, The Economic History of Australia from 1788: An Introduction, https://www//eh.net/encyclopedia/the-economic-history-of-australia-from-1788-an-introduction/.

Brian, L. Hocking, "Parliament, Paliamentarians, and Foreign Affairs", *Australian Outlook*, Vol. 30, No. 2, 1975.

Carl Ungerer, "the 'Middle Power' Concept in Australian Fpreign Policy", *Australian Journal of International Affairs*, No. 4, 2007.

Commonwealth Parliament Debates, House of Representative, 24 March 1981.

David Hill, *The making of Australia*, William Heineman, 2014.

David Scott, "Australia as Middle Power: Ambiguities of Identity and Role", *Journal of Diplomacy and International Relations*, Vol. 14, 2013.

David Stevens, *Martime Power in the Twentieth Century: The Australian Experience*, Allan & Unwin, 1998.

David W. Lovell, Ian McAllister, William Maley and Chandran Kukathas, *The Australian Political System*, Melbourne: Longman, 1995.

David Walker, *Anxious Nation*, Brisbane, University of Queensland Press, 1999.

Deparment of Defence, Australian Government: Defence Paper 2013, Australia's International Defence Engagement.

Deparment of Defence, Australian Government: Defence Paper 1994, Strategic Outlook.

Deparment of Defence, Australian Government: Defence Paper 2013, Australia's Strategic Policy Approach.

Department of Defence Defence White paper 2013, retrieved on the 29th March, http://www.defence.gov.au/whitepaper/2013/docs/WP_2013_web.pdf.

Department of Defence, Defending Australia in the Asia Pacific Century: Force 2030, http://www.defence.gov.au/whitepaper/docs/defence_white_paper2009. pdf.

DFAT, http://dfat. gov. au/about – us/department/Pages/what – we – do. aspx.

DFAT, http://dfat. gov. au/trade/agreements/tafta/Pages/thailand – australia – fta. aspx retrieved on the 2016/1/1.

DFAT, Australia-China Free Trade Agreement Negotiations: Potential Benefits—Overview.

DFAT, "Subscriber Update on the Sixth Round of Negotiations of Services and Investment".

Dr Yinhua Mai, The Centre of Policy Studies, Modelling The Potential Benefits Of An Australia-China Free Trade Agreement (2005), DFAT, http://www. dfat. gov. au/geo/china/fta/modelling_impact. pdf.

Edward Said, *Orientalism*, Pantheon Books, 1979.

Ernest Scott, "A short History of Australia", William Coleman (ed), *Only in Australia: The History, Politics, and Economics of Australian Exceptionalism*, Oxford University Press, 2016.

F. A. Mediansky, *Australian Foreign Policy into the New Millennium*, Macmilan Education Australia Pty Ltd., 1997.

F. K. Crowley, *A New History of Australia*, Melbourne: William Heinemann, 1975.

Gareth Evans and Bruce Grant, *Australia's Foreign Relations in the World of the 1990s*, Melbourne: Melbourne University Press 1992.

Gynell & Wesley, *Making Australian Foreign Policy* (2nd Ed), Cambridge University Press, 2007.

H. R. Cowie, *Crossroads: Asia and Australia in World Affairs*, Thomas Nelson Australia Pty Ltd., 1980.

H. V. Evatt, Ministerial Statement to the House of Representatives, 13 March 1946.

H. V. Evatt, *Foreign Policy of Australia: Speeches*, Sydney: Angus and Robertson Ltd., 1945.

H. V. Evatt, Ministerial Statement to the House of Representatives, 8 Sep 1944 in Foreign Policy of Australia.

Hedley Bull, *The Anarchical Society: A study of order in World Politics*, Basingstoke: Macmillan, 1977.

http://china.cnr.cn/gdgg/201006/t20100622_506615516.html.

http://dfat.gov.au/about-us/publications/Documents/aus-position-global-and-bilateral-foreign-direct-investment.pdf, 2016-6-10.

http://military.china.com/news/568/20160121/21238511.html.

http://news.163.com/07/0716/07/3JGO259D00011MTO.html.

http://www.abc.net.au/news/2015-06-01/australia-takes-tough-stance-against-chinas-island-moves/6510540.

http://www.abc.net.au/news/2015-10-14/unions-vow-to-continue-fight-against-china-free-trade-deal/6852128.

http://www.aboriginalheritage.org/history/history/.

http://www.cankaoxiaoxi.com/china/20151218/1030718.shtml.

http://www.ccpit.org/Contents/Channel_4096/2016/0615/660532/content_660532.htm.

http://www.china.com.cn/military/txt/2011-03/08/content_22084450.htm.

J. D. B. Miller, "The Role of the Australian Parliament in Foreign Affairs", *Paliamentarian*, Vol. 50, No. 1, January 1969.

James Curran, *The Power of Speech: Australian Prime Ministers Defining the National Image*, Melbourne: Melbourne University Press, 2004.

Kamlesh K. Agnihotri, "Protection of Trade and Energy Supplies in the Indian Ocean Region", *Maritime Affairs*, Vol. 8, No. 1, 2012.

KPMG, *Demysfying China Investment*, 2015.

Lowe, D., "Divining a Labor Line: Conservative Constructions of Labor's Foreign Policy, 1944-49", in David Lee and Christopher Waters (eds), *Evatt to Evans: The labor Tradition in Australian Foreign Policy*, Sydney: Allen & Unwin, 1997.

Lowy Institute 2016, *Best Friend in Asia*, https：//www. lowyinstitute. org/lowyinstitutepollinteractive/china.

Lowy Institute, *Attitudes towards China*, https：//www. lowyinstitute. org/lowyinstitutepollinteractive/china.

Max Weber, "Social Psychology of the World's Religion", in *Essays in Sociology*, Oxford University Press, 1946.

McAlisster & Canmeron, S. M. , *Trends in Australian Political Opinion：Results from the Australian Election Study* 1987 – 2013, ANU.

Menzies, Australian Pride, 1945.

Michael Wesley, *the Howard Paradox：Australian Diplomacy in Asia 1996 – 2006*, Sydney：ABC Books 2007.

Myra Willard, 1974, *History of the White Australia Policy to 1920*, Melbourne University Press.

P. J. Cain and A. G. Hopkins, *British Imperialism：Innovation and Expansion, 1688 – 1914*, Longman Publishing, 1993.

Patrick Weller (ed. ), *Menzies to Keating：The development of the Australian Prime Ministership*, Melbourne：Melbourne University Press.

Paul Keating, "Australia, Asia and the New Regionalism", Singapore, 17 Jan 1996.

Payscale, http：//www. payscale. com/research/AU/Job = Bricklayer/Hourly_Rate.

Peta Donald and Dan Conifer, China free trade agreement：Unions vow to keep up fight against deal despite Labor's proposed amendments, 14 Oct 2015.

Philip Coorey, "Australia mulls rival to China's 'belt and road' with US, Japan, India", *The Australian Financial Reveiw*, 18th Feb, 2017.

Primrose Riordan, "China snubbed on road and port push", The Australian, 20 March, 2017, http：//www. theaustralian. com. au/national – affairs/foreign – affairs/china – snubbed – on – road – and – port – push/news – story/1534e4f7de0ab0031818854d24ae0a91.

Robert Jervis, "Realism, Neorealism and Cooperation：Understanding the

Debate", *International Security*, No. 1, 1999.

Sergei DeSilva – Ranasinghe, "The Indian Ocean Region and Australia's National Interests", *Future Directions International*.

Statementmarking the announcement of conclusion of Australia – China FTA negotiations Frances Adamson 2014 Nov 7, http://china.embassy.gov.au/bjng/HOMstatement.html.

T. B. Millar (ed.), *Australian Foreign Minister: The Diaries of R. G. Casey*, London: Collins, 1972.

UNCTAD, UNCTAD 2014 Bilateral FDI Investment Report.

W. Tow, "Deputy Sheriff to Independent Ally?" *Pacific Review*, 2004, Vol. 17, No 2, p. 271.

W. J. Hudson, *Australian Independence: Colony to Reluctant Kingdom*, Melbourne University Press, 1988.

Weller, P., *Malcolm Fraser PM*, Ringwood: Penguin, 1989.